I0232640

T&P BOOKS

RUSSO
VOCABULÁRIO

PORTUGUÊS BRASILEIRO

PORTUGUÊS
RUSSO

Para alargar o seu léxico e apurar
as suas competências linguísticas

5000 palavras

Vocabulário Português Brasileiro-Russo - 5000 palavras

Por Andrey Taranov

Os vocabulários da T&P Books destinam-se a ajudar a aprender, a memorizar, e a rever palavras estrangeiras. O dicionário é dividido em temas, cobrindo todas as principais esferas de atividades quotidianas, negócios, ciência, cultura, etc.

O processo de aprendizagem, utilizando os dicionários baseados em temáticas da T&P Books dá-lhe as seguintes vantagens:

- Informação de origem corretamente agrupada predetermina o sucesso em fases subsequentes da memorização de palavras
- Disponibilização de palavras derivadas da mesma raiz, o que permite a memorização de unidades de texto (em vez de palavras separadas)
- Pequenas unidades de palavras facilitam o processo de estabelecimento de vínculos associativos necessários para a consolidação do vocabulário
- O nível de conhecimento da língua pode ser estimado pelo número de palavras aprendidas

Copyright © 2019 T&P Books Publishing

Todos os direitos reservados. Nenhuma parte desta publicação pode ser reproduzida, total ou parcialmente, por quaisquer métodos ou processos, sejam eles eletrônicos, mecânicos, de fotocópia ou outros, sem a autorização escrita do editor. Esta publicação não pode ser divulgada, copiada ou distribuída em nenhum formato.

T&P Books Publishing
www.tpbooks.com

ISBN: 978-1-78767-386-1

Este livro também está disponível em formato E-book.
Por favor visite www.tpbooks.com ou as principais livrarias on-line.

VOCABULÁRIO RUSSO
palavras mais úteis

Os vocabulários da T&P Books destinam-se a ajudar a aprender, a memorizar, e a rever palavras estrangeiras. O vocabulário contém mais de 5000 palavras de uso comum organizadas tematicamente.

O vocabulário contém as palavras mais comummente usadas
Recomendado como adicional para qualquer curso de línguas
Satisfaz as necessidades dos iniciados e dos alunos avançados de línguas estrangeiras
Conveniente para o uso diário, sessões de revisão e atividades de auto-teste
Permite avaliar o seu vocabulário

Características especias do vocabulário

• As palavras estão organizadas de acordo com o seu significado, e não por ordem alfabética
• As palavras são apresentadas em três colunas para facilitar os processos de revisão e auto-teste
• As palavras compostas são divididas em pequenos blocos para facilitar o processo de aprendizagem
• O vocabulário oferece uma transcrição simples e adequada de cada palavra estrangeira

O vocabulário contém 155 tópicos incluindo:

Conceitos básicos, Números, Cores, Meses, Estações do ano, Unidades de medida, Roupas & Acessórios, Alimentos & Nutrição, Restaurante, Membros da Família, Parentes, Caráter, Sentimentos, Emoções, Doenças, Cidade, Passeios, Compras, Dinheiro, Casa, Lar, Escritório, Trabalho no Escritório, Importação & Exportação, Marketing, Pesquisa de Emprego, Esportes, Educação, Computador, Internet, Ferramentas, Natureza, Países, Nacionalidades e muito mais ...

TABELA DE CONTEÚDOS

GUIA DE PRONUNCIAÇÃO

Alfabeto fonético T&P	Exemplo Russo	Exemplo Português

Consoantes

[b]	абрикос [abrikós]	barril
[d]	квадрат [kvadrát]	dentista
[f]	реформа [refórma]	safári
[g]	глина [glína]	gosto
[ʒ]	массажист [masaʒïst]	talvez
[j]	пресный [présnij]	Vietnã
[h], [x]	мех, Пасха [méh], [pásxa]	[h] aspirada
[k]	кратер [krátɛr]	aquilo
[l]	лиловый [lilóvij]	libra
[m]	молоко [molɔkó]	magnólia
[n]	нут, пони [nút], [póni]	natureza
[p]	пират [pirát]	presente
[r]	ручей [rutʃéj]	riscar
[s]	суслик [súslik]	sanita
[t]	тоннель [tɔnélʲ]	tulipa
[ʃ]	лишайник [liʃájnik]	mês
[tʃ]	врач, речь [vrátʃ], [rétʃʲ]	Tchau!
[ts]	кузнец [kuznéts]	tsé-tsé
[ʃ]	мощность [móʃʲnɔstʲ]	shiatsu
[v]	молитва [molítva]	fava
[z]	дизайнер [dizájner]	sésamo

Símbolos adicionais

[ʲ]	дикарь [dikárʲ]	sinal de palatalização
[·]	автопилот [aftɔ·pilót]	ponto mediano
[ˈ]	заплата [zapláta]	acento principal

Vogais acentuadas

[á]	платье [plátje]	chamar
[é]	лебедь [lébetʲ]	metal
[ǿ]	шахтёр [ʃahtǿr]	ioga
[í]	организм [ɔrganízm]	sinônimo
[ó]	роспись [róspisʲ]	lobo
[ú]	инсульт [insúlʲt]	bonita

Alfabeto fonético T&P	Exemplo Russo	Exemplo Português
[ī]	добыча [dɔbĭʧa]	sinônimo
[æ]	полиэстер [poliǽstɛr]	semana
[ˈú], [jú]	салют, юг [salˈút], [júg]	nacional
[ˈá], [já]	связь, я [svˈásʲ], [já]	Himalaias

Vogais não acentuadas

[a]	гравюра [gravʲúra]	som neutro, semelhante a um xevá [ə]
[e]	кенгуру [kengurú]	som neutro, semelhante a um xevá
[ə]	пожалуйста [pɔʒálǝsta]	milagre
[i]	рисунок [risúnɔk]	sinônimo
[ɔ]	железо [ʒelézɔ]	som neutro, semelhante a um xevá
[u]	вирус [vírus]	bonita
[ɨ]	первый [pérvɨj]	sinônimo
[ɛ]	аэропорт [aɛrɔpórt]	mesquita
[ˈu], [ju]	брюнет [brʲunét]	nacional
[ı], [jı]	заяц, язык [záıʦ], [jızĭk]	som neutro, semelhante a um xevá
[ˈa], [ja]	няня, копия [nʲánʲa], [kópija]	Himalaias

ABREVIATURAS
usadas no vocabulário

Abreviaturas do Português

adj	-	adjetivo
adv	-	advérbio
anim.	-	animado
conj.	-	conjunção
desp.	-	esporte
etc.	-	Etcetera
ex.	-	por exemplo
f	-	nome feminino
f pl	-	feminino plural
fem.	-	feminino
inanim.	-	inanimado
m	-	nome masculino
m pl	-	masculino plural
m, f	-	masculino, feminino
masc.	-	masculino
mat.	-	matemática
mil.	-	militar
pl	-	plural
prep.	-	preposição
pron.	-	pronome
sb.	-	sobre
sing.	-	singular
v aux	-	verbo auxiliar
vi	-	verbo intransitivo
vi, vt	-	verbo intransitivo, transitivo
vr	-	verbo reflexivo
vt	-	verbo transitivo

Abreviaturas do Russo

возв	-	verbo reflexivo
ж	-	nome feminino
ж мн	-	feminino plural
м	-	nome masculino
м мн	-	masculino plural
м, ж	-	masculino, feminino
мн	-	plural
н/пх	-	verbo intransitivo, transitivo

н/св	-	aspeto perfetivo/imperfetivo
нпх	-	verbo intransitivo
нсв	-	aspeto imperfetivo
пх	-	verbo transitivo
с	-	neutro
с мн	-	neutro plural
св	-	aspeto perfetivo

CONCEITOS BÁSICOS

Conceitos básicos. Parte 1

1. Pronomes

eu	я	[já]
você	ты	[tí]
ele	он	[ón]
ela	она	[ɔná]
ele, ela (neutro)	оно	[ɔnó]
nós	мы	[mí]
vocês	вы	[ví]
eles, elas	они	[ɔní]

2. Cumprimentos. Saudações. Despedidas

Oi!	Здравствуй!	[zdrástvuj]
Olá!	Здравствуйте!	[zdrástvujte]
Bom dia!	Доброе утро!	[dóbrɔe útrɔ]
Boa tarde!	Добрый день!	[dóbrij dénʲ]
Boa noite!	Добрый вечер!	[dóbrij vetʃer]
cumprimentar (vt)	здороваться (нсв, возв)	[zdɔróvatsa]
Oi!	Привет!	[privét]
saudação (f)	привет (м)	[privét]
saudar (vt)	приветствовать (нсв, пх)	[privétstvovatʲ]
Como você está?	Как у вас дела?	[kák u vás delá?]
Como vai?	Как дела?	[kák delá?]
E aí, novidades?	Что нового?	[ʃtó nóvɔvɔ?]
Tchau! Até logo!	До свидания!	[dɔ svidánija]
Até breve!	До скорой встречи!	[dɔ skórɔj fstrétʃi]
Adeus! (sing.)	Прощай!	[prɔʃʲáj]
Adeus! (pl)	Прощайте!	[prɔʃʲájte]
despedir-se (dizer adeus)	прощаться (нсв, возв)	[prɔʃʲátsa]
Até mais!	Пока!	[pɔká]
Obrigado! -a!	Спасибо!	[spasíbɔ]
Muito obrigado! -a!	Большое спасибо!	[bɔlʲʃóe spasíbɔ]
De nada	Пожалуйста	[pɔʒáləsta]
Não tem de quê	Не стоит благодарности	[ne stóit blagɔdárnɔsti]
Não foi nada!	Не за что	[né za ʃtɔ]
Desculpa!	Извини!	[izviní]
Desculpe!	Извините!	[izviníte]

desculpar (vt)	извинять (нсв, пх)	[izvin'át']
desculpar-se (vr)	извиняться (нсв, возв)	[izvin'átsa]
Me desculpe	Мои извинения	[moí izvinénija]
Desculpe!	Простите!	[prostíte]
perdoar (vt)	прощать (нсв, пх)	[proʃát']
Não faz mal	Ничего страшного	[niʧevó stráʃnovo]
por favor	пожалуйста	[poʒálǝsta]
Não se esqueça!	Не забудьте!	[ne zabút'te]
Com certeza!	Конечно!	[konéʃno]
Claro que não!	Конечно нет!	[konéʃno nét]
Está bem! De acordo!	Согласен!	[soglásen]
Chega!	Хватит!	[hvátit]

3. Como se dirigir a alguém

Desculpe ...	Извините	[izviníte]
senhor	господин	[gospodín]
senhora	госпожа	[gospoʒá]
senhorita	девушка	[dévuʃka]
jovem	молодой человек	[molodój ʧelovék]
menino	мальчик	[mál'ʧik]
menina	девочка	[dévoʧka]

4. Números cardinais. Parte 1

zero	ноль	[nól']
um	один	[odín]
dois	два	[dvá]
três	три	[trí]
quatro	четыре	[ʧetīre]
cinco	пять	[p'át']
seis	шесть	[ʃæst']
sete	семь	[sém']
oito	восемь	[vósem']
nove	девять	[dévıt']
dez	десять	[désıt']
onze	одиннадцать	[odínatsat']
doze	двенадцать	[dvenátsat']
treze	тринадцать	[trinátsat']
catorze	четырнадцать	[ʧetīrnatsat']
quinze	пятнадцать	[pitnátsat']
dezesseis	шестнадцать	[ʃɛsnátsat']
dezessete	семнадцать	[semnátsat']
dezoito	восемнадцать	[vosemnátsat']
dezenove	девятнадцать	[devitnátsat']
vinte	двадцать	[dvátsat']
vinte e um	двадцать один	[dvátsat' odín]

vinte e dois	двадцать два	[dvátsatʲ dvá]
vinte e três	двадцать три	[dvátsatʲ trí]
trinta	тридцать	[trítsatʲ]
trinta e um	тридцать один	[trítsatʲ ɔdín]
trinta e dois	тридцать два	[trítsatʲ dvá]
trinta e três	тридцать три	[trítsatʲ trí]
quarenta	сорок	[sórɔk]
quarenta e um	сорок один	[sórɔk ɔdín]
quarenta e dois	сорок два	[sórɔk dvá]
quarenta e três	сорок три	[sórɔk trí]
cinquenta	пятьдесят	[pɪtʲdesʲát]
cinquenta e um	пятьдесят один	[pɪtʲdesʲát ɔdín]
cinquenta e dois	пятьдесят два	[pɪtʲdesʲát dvá]
cinquenta e três	пятьдесят три	[pɪtʲdesʲát trí]
sessenta	шестьдесят	[ʃɛstʲdesʲát]
sessenta e um	шестьдесят один	[ʃɛstʲdesʲát ɔdín]
sessenta e dois	шестьдесят два	[ʃɛstʲdesʲát dvá]
sessenta e três	шестьдесят три	[ʃɛstʲdesʲát trí]
setenta	семьдесят	[sémʲdesɪt]
setenta e um	семьдесят один	[sémʲdesɪt ɔdín]
setenta e dois	семьдесят два	[sémʲdesɪt dvá]
setenta e três	семьдесят три	[sémʲdesɪt trí]
oitenta	восемьдесят	[vósemʲdesɪt]
oitenta e um	восемьдесят один	[vósemʲdesɪt ɔdín]
oitenta e dois	восемьдесят два	[vósemʲdesɪt dvá]
oitenta e três	восемьдесят три	[vósemʲdesɪt trí]
noventa	девяносто	[devɪnóstɔ]
noventa e um	девяносто один	[devɪnóstɔ ɔdín]
noventa e dois	девяносто два	[devɪnóstɔ dvá]
noventa e três	девяносто три	[devɪnóstɔ trí]

5. Números cardinais. Parte 2

cem	сто	[stó]
duzentos	двести	[dvésti]
trezentos	триста	[trísta]
quatrocentos	четыреста	[tʃetĭresta]
quinhentos	пятьсот	[pɪtʲsót]
seiscentos	шестьсот	[ʃɛstʲsót]
setecentos	семьсот	[semʲsót]
oitocentos	восемьсот	[vɔsemʲsót]
novecentos	девятьсот	[devɪtʲsót]
mil	тысяча	[tĭsɪtʃa]
dois mil	две тысячи	[dve tĭsɪtʃi]
três mil	три тысячи	[trí tĭsɪtʃi]

dez mil	десять тысяч	[désıtʲ tĩsʲatʃ]
cem mil	сто тысяч	[stó tĩsıtʃ]
um milhão	миллион (м)	[milión]
um bilhão	миллиард (м)	[miliárd]

6. Números ordinais

primeiro (adj)	первый	[pérvij]
segundo (adj)	второй	[ftɔrój]
terceiro (adj)	третий	[trétij]
quarto (adj)	четвёртый	[tʃetvǿrtij]
quinto (adj)	пятый	[pʲátij]

sexto (adj)	шестой	[ʃɛstój]
sétimo (adj)	седьмой	[sedʲmój]
oitavo (adj)	восьмой	[vɔsʲmój]
nono (adj)	девятый	[devʲátij]
décimo (adj)	десятый	[desʲátij]

7. Números. Frações

fração (f)	дробь (ж)	[drópʲ]
um meio	одна вторая	[ɔdná ftɔrája]
um terço	одна третья	[ɔdná trétja]
um quarto	одна четвёртая	[ɔdná tʃetvǿrtaja]

um oitavo	одна восьмая	[ɔdná vɔsʲmája]
um décimo	одна десятая	[ɔdná desʲátaja]
dois terços	две третьих	[dve trétjih]
três quartos	три четвёртых	[trí tʃetvǿrtih]

8. Números. Operações básicas

subtração (f)	вычитание (с)	[vitʃitánie]
subtrair (vi, vt)	вычитать (нсв, пх)	[vitʃitátʲ]
divisão (f)	деление (с)	[delénie]
dividir (vt)	делить (нсв, пх)	[delítʲ]

adição (f)	сложение (с)	[slɔʒǽnie]
somar (vt)	сложить (св, пх)	[slɔʒĩtʲ]
adicionar (vt)	прибавлять (нсв, пх)	[pribavlʲátʲ]
multiplicação (f)	умножение (с)	[umnɔʒǽnie]
multiplicar (vt)	умножать (нсв, пх)	[umnɔʒátʲ]

9. Números. Diversos

| algarismo, dígito (m) | цифра (ж) | [tsĩfra] |
| número (m) | число (с) | [tʃisló] |

numeral (m)	числительное (c)	[tʃislítelʲnɔe]
menos (m)	минус (м)	[mínus]
mais (m)	плюс (м)	[plʲús]
fórmula (f)	формула (ж)	[fórmula]

cálculo (m)	вычисление (c)	[vitʃislénie]
contar (vt)	считать (нсв, пх)	[ʃʲitátʲ]
calcular (vt)	подсчитывать (нсв, пх)	[pɔtʃʲítivatʲ]
comparar (vt)	сравнивать (нсв, пх)	[srávnivatʲ]

Quanto, -os, -as?	Сколько?	[skólʲkɔ?]
soma (f)	сумма (ж)	[súmma]
resultado (m)	результат (м)	[rezulʲtát]
resto (m)	остаток (м)	[ɔstátɔk]

alguns, algumas ...	несколько	[néskɔlʲkɔ]
pouco (~ tempo)	мало	[málɔ]
resto (m)	остальное (c)	[ɔstalʲnóe]
um e meio	полтора	[pɔltɔrá]
dúzia (f)	дюжина (ж)	[dʲúʒina]

ao meio	пополам	[pɔpɔlám]
em partes iguais	поровну	[pórɔvnu]
metade (f)	половина (ж)	[pɔlɔvína]
vez (f)	раз (м)	[rás]

10. Os verbos mais importantes. Parte 1

abrir (vt)	открывать (нсв, пх)	[ɔtkrivátʲ]
acabar, terminar (vt)	заканчивать (нсв, пх)	[zakántʃivatʲ]
aconselhar (vt)	советовать (нсв, пх)	[sɔvétɔvatʲ]
adivinhar (vt)	отгадать (св, пх)	[ɔdgadátʲ]
advertir (vt)	предупреждать (нсв, пх)	[predupreʒdátʲ]

ajudar (vt)	помогать (нсв, пх)	[pɔmɔgátʲ]
almoçar (vi)	обедать (нсв, нпх)	[ɔbédatʲ]
alugar (~ um apartamento)	снимать (нсв, пх)	[snimátʲ]
amar (pessoa)	любить (нсв, пх)	[lʲubítʲ]
ameaçar (vt)	угрожать (нсв, пх)	[ugrɔʒátʲ]

anotar (escrever)	записывать (нсв, пх)	[zapísivatʲ]
apressar-se (vr)	торопиться (нсв, возв)	[tɔrɔpítsa]
arrepender-se (vr)	сожалеть (нсв, нпх)	[sɔʒilétʲ]
assinar (vt)	подписывать (нсв, пх)	[pɔtpísivatʲ]
brincar (vi)	шутить (нсв, нпх)	[ʃutítʲ]

brincar, jogar (vi, vt)	играть (нсв, нпх)	[igrátʲ]
buscar (vt)	искать ... (нсв, пх)	[iskátʲ ...]
caçar (vi)	охотиться (нсв, возв)	[ɔhótitsa]
cair (vi)	падать (нсв, нпх)	[pádatʲ]
cavar (vt)	рыть (нсв, пх)	[rītʲ]
chamar (~ por socorro)	звать (нсв, пх)	[zvátʲ]
chegar (vi)	приезжать (нсв, нпх)	[prieʒʒátʲ]
chorar (vi)	плакать (нсв, нпх)	[plákatʲ]

começar (vt)   начинать (нсв, пх)   [natʃinátʲ]
comparar (vt)   сравнивать (нсв, пх)   [srávnivatʲ]
concordar (dizer "sim")   соглашаться (нсв, возв)   [soɡlaʃátsa]

confiar (vt)   доверять (нсв, пх)   [dɔverʲátʲ]
confundir (equivocar-se)   путать (нсв, пх)   [pútatʲ]
conhecer (vt)   знать (нсв, пх)   [znátʲ]
contar (fazer contas)   считать (нсв, пх)   [ʃʲitátʲ]
contar com …   рассчитывать на … (нсв)   [raʃʲítivatʲ na …]
continuar (vt)   продолжать (нсв, пх)   [prɔdɔlʒátʲ]

controlar (vt)   контролировать (нсв, пх)   [kɔntrɔlírɔvatʲ]
convidar (vt)   приглашать (нсв, пх)   [priɡlaʃátʲ]
correr (vi)   бежать (н/св, нпх)   [beʒátʲ]
criar (vt)   создать (св, пх)   [sɔzdátʲ]
custar (vt)   стоить (нсв, пх)   [stóitʲ]

11. Os verbos mais importantes. Parte 2

dar (vt)   давать (нсв, пх)   [davátʲ]
dar uma dica   подсказать (св, пх)   [pɔtskazátʲ]
decorar (enfeitar)   украшать (нсв, пх)   [ukraʃátʲ]
defender (vt)   защищать (нсв, пх)   [zaʃʲiʃʲátʲ]
deixar cair (vt)   ронять (нсв, пх)   [rɔnʲátʲ]

descer (para baixo)   спускаться (нсв, возв)   [spuskátsa]
desculpar (vt)   извинять (нсв, пх)   [izvinʲátʲ]
desculpar-se (vr)   извиняться (нсв, возв)   [izvinʲátsa]
dirigir (~ uma empresa)   руководить (нсв, пх)   [rukɔvɔdítʲ]
discutir (notícias, etc.)   обсуждать (нсв, пх)   [ɔpsuʒdátʲ]

disparar, atirar (vi)   стрелять (нсв, нпх)   [strelʲátʲ]
dizer (vt)   сказать (нсв, пх)   [skazátʲ]
duvidar (vt)   сомневаться (нсв, возв)   [sɔmnevátsa]
encontrar (achar)   находить (нсв, пх)   [nahɔdítʲ]
enganar (vt)   обманывать (нсв, пх)   [ɔbmánivatʲ]

entender (vt)   понимать (нсв, пх)   [pɔnimátʲ]
entrar (na sala, etc.)   входить (нсв, нпх)   [fhɔdítʲ]
enviar (uma carta)   отправлять (нсв, пх)   [ɔtpravlʲátʲ]
errar (enganar-se)   ошибаться (нсв, возв)   [ɔʃibátsa]
escolher (vt)   выбирать (нсв, пх)   [vibirátʲ]

esconder (vt)   прятать (нсв, пх)   [prʲátatʲ]
escrever (vt)   писать (нсв, пх)   [pisátʲ]
esperar (aguardar)   ждать (нсв, пх)   [ʒdátʲ]
esperar (ter esperança)   надеяться (нсв, возв)   [nadéɪtsa]
esquecer (vt)   забывать (нсв, пх)   [zabivátʲ]

estudar (vt)   изучать (нсв, пх)   [izutʃátʲ]
exigir (vt)   требовать (нсв, пх)   [trébɔvatʲ]
existir (vi)   существовать (нсв, нпх)   [suʃestvɔvátʲ]
explicar (vt)   объяснять (нсв, пх)   [ɔbjɪsnʲátʲ]
falar (vi)   говорить (нсв, н/пх)   [ɡɔvɔrítʲ]

faltar (a la escuela, etc.)	пропускать (нсв, пх)	[prɔpuskátʲ]
fazer (vt)	делать (нсв, пх)	[délatʲ]
ficar em silêncio	молчать (нсв, нпх)	[mɔltʃátʲ]
gabar-se (vr)	хвастаться (нсв, возв)	[hvástatsa]

gostar (apreciar)	нравиться (нсв, возв)	[nrávitsa]
gritar (vi)	кричать (нсв, нпх)	[kritʃátʲ]
guardar (fotos, etc.)	сохранять (нсв, пх)	[sɔhranʲátʲ]
informar (vt)	информировать (н/св, пх)	[infɔrmírɔvatʲ]
insistir (vi)	настаивать (нсв, нпх)	[nastáivatʲ]

insultar (vt)	оскорблять (нсв, пх)	[ɔskɔrblʲátʲ]
interessar-se (vr)	интересоваться (нсв, возв)	[interesɔvátsa]
ir (a pé)	идти (нсв, нпх)	[itʲtí]
ir nadar	купаться (нсв, возв)	[kupátsa]
jantar (vi)	ужинать (нсв, нпх)	[úʒinatʲ]

12. Os verbos mais importantes. Parte 3

ler (vt)	читать (нсв, н/пх)	[tʃitátʲ]
libertar, liberar (vt)	освобождать (нсв, пх)	[ɔsvɔbɔʒdátʲ]
matar (vt)	убивать (нсв, пх)	[ubivátʲ]
mencionar (vt)	упоминать (нсв, пх)	[upɔminátʲ]
mostrar (vt)	показывать (нсв, пх)	[pɔkázivatʲ]

mudar (modificar)	изменить (св, пх)	[izmenítʲ]
nadar (vi)	плавать (нсв, нпх)	[plávatʲ]
negar-se a ... (vr)	отказываться (нсв, возв)	[ɔtkázivatsa]
objetar (vt)	возражать (нсв, н/пх)	[vɔzraʒátʲ]

observar (vt)	наблюдать (нсв, н/пх)	[nablʲudátʲ]
ordenar (mil.)	приказывать (нсв, пх)	[prikázivatʲ]
ouvir (vt)	слышать (нсв, пх)	[slíʃatʲ]
pagar (vt)	платить (нсв, н/пх)	[platítʲ]
parar (vi)	останавливаться (нсв, возв)	[ɔstanávlivatsa]

parar, cessar (vt)	прекращать (нсв, пх)	[prekraʃátʲ]
participar (vi)	участвовать (нсв, нпх)	[utʃástvɔvatʲ]
pedir (comida, etc.)	заказывать (нсв, пх)	[zakázivatʲ]
pedir (um favor, etc.)	просить (нсв, пх)	[prɔsítʲ]
pegar (tomar)	брать (нсв), взять (св)	[brátʲ], [vzʲátʲ]

pegar (uma bola)	ловить (нсв, пх)	[lɔvítʲ]
pensar (vi, vt)	думать (нсв, н/пх)	[dúmatʲ]
perceber (ver)	замечать (нсв, пх)	[zametʃátʲ]
perdoar (vt)	прощать (нсв, пх)	[prɔʃátʲ]
perguntar (vt)	спрашивать (нсв, пх)	[spráʃivatʲ]

permitir (vt)	разрешать (нсв, пх)	[razreʃátʲ]
pertencer a ... (vi)	принадлежать ... (нсв, нпх)	[prinadleʒátʲ ...]
planejar (vt)	планировать (нсв, пх)	[planírɔvatʲ]
poder (~ fazer algo)	мочь (нсв, нпх)	[mótʃʲ]
possuir (uma casa, etc.)	владеть (нсв, пх)	[vladétʲ]
preferir (vt)	предпочитать (нсв, пх)	[pretpɔtʃitátʲ]

preparar (vt)	готовить (нсв, пх)	[gotóvitʲ]
prever (vt)	предвидеть (нсв, пх)	[predvídetʲ]
prometer (vt)	обещать (н/св, пх)	[obeʃátʲ]
pronunciar (vt)	произносить (нсв, пх)	[proiznosítʲ]

propor (vt)	предлагать (нсв, пх)	[predlagátʲ]
punir (castigar)	наказывать (нсв, пх)	[nakázivatʲ]
quebrar (vt)	ломать (нсв, пх)	[lomátʲ]
queixar-se de ...	жаловаться (нсв, возв)	[ʒálovatsa]
querer (desejar)	хотеть (нсв, пх)	[hotétʲ]

13. Os verbos mais importantes. Parte 4

ralhar, repreender (vt)	ругать (нсв, пх)	[rugátʲ]
recomendar (vt)	рекомендовать (нсв, пх)	[rekomendovátʲ]
repetir (dizer outra vez)	повторять (нсв, пх)	[poftorʲátʲ]
reservar (~ um quarto)	резервировать (н/св, пх)	[rezervírovatʲ]
responder (vt)	отвечать (нсв, пх)	[otvetʃátʲ]

rezar, orar (vi)	молиться (нсв, возв)	[molítsa]
rir (vi)	смеяться (нсв, возв)	[smejátsa]
roubar (vt)	красть (нсв, н/пх)	[krástʲ]
sair (~ de casa)	выходить (нсв, нпх)	[vihodítʲ]

| salvar (resgatar) | спасать (нсв, пх) | [spasátʲ] |
| seguir (~ alguém) | следовать за ... (нсв) | [slédovatʲ za ...] |

| sentar-se (vr) | садиться (нсв, возв) | [sadítsa] |
| ser necessário | требоваться (нсв, возв) | [trébovatsa] |

ser, estar	быть (нсв, нпх)	[bītʲ]
significar (vt)	означать (нсв, пх)	[oznatʃátʲ]
sorrir (vi)	улыбаться (нсв, возв)	[ulibátsa]

| subestimar (vt) | недооценивать (нсв, пх) | [nedootsǽnivatʲ] |
| surpreender-se (vr) | удивляться (нсв, возв) | [udivlʲátsa] |

tentar (~ fazer)	пробовать (нсв, пх)	[próbovatʲ]
ter (vt)	иметь (нсв, пх)	[imétʲ]
ter fome	хотеть есть (нсв)	[hotétʲ éstʲ]

ter medo	бояться (нсв, возв)	[bojátsa]
ter sede	хотеть пить	[hotétʲ pítʲ]
tocar (com as mãos)	трогать (нсв, пх)	[trógatʲ]
tomar café da manhã	завтракать (нсв, нпх)	[záftrakatʲ]

| trabalhar (vi) | работать (нсв, нпх) | [rabótatʲ] |
| traduzir (vt) | переводить (нсв, пх) | [perevodítʲ] |

unir (vt)	объединять (нсв, пх)	[objedinʲátʲ]
vender (vt)	продавать (нсв, пх)	[prodavátʲ]
ver (vt)	видеть (нсв, пх)	[vídetʲ]
virar (~ para a direita)	поворачивать (нсв, нпх)	[povorátʃivatʲ]
voar (vi)	лететь (нсв, нпх)	[letétʲ]

14. Cores

cor (f)	цвет (м)	[tsvét]
tom (m)	оттенок (м)	[otténɔk]
tonalidade (m)	тон (м)	[tón]
arco-íris (m)	радуга (ж)	[ráduga]

branco (adj)	белый	[bélij]
preto (adj)	чёрный	[tʃórnij]
cinza (adj)	серый	[sérij]

verde (adj)	зелёный	[zelónij]
amarelo (adj)	жёлтый	[ʒóltij]
vermelho (adj)	красный	[krásnij]

azul (adj)	синий	[sínij]
azul claro (adj)	голубой	[gɔlubój]
rosa (adj)	розовый	[rózɔvij]
laranja (adj)	оранжевый	[ɔránʒevij]
violeta (adj)	фиолетовый	[fiɔlétɔvij]
marrom (adj)	коричневый	[kɔrítʃnevij]

| dourado (adj) | золотой | [zɔlɔtój] |
| prateado (adj) | серебристый | [serebrístij] |

bege (adj)	бежевый	[béʒevij]
creme (adj)	кремовый	[krémɔvij]
turquesa (adj)	бирюзовый	[birʲuzóvij]
vermelho cereja (adj)	вишнёвый	[viʃnóvij]
lilás (adj)	лиловый	[lilóvij]
carmim (adj)	малиновый	[malínɔvij]

claro (adj)	светлый	[svétlij]
escuro (adj)	тёмный	[tómnij]
vivo (adj)	яркий	[járkij]

de cor	цветной	[tsvetnój]
a cores	цветной	[tsvetnój]
preto e branco (adj)	чёрно-белый	[tʃórnɔ-bélij]
unicolor (de uma só cor)	одноцветный	[ɔdnɔtsvétnij]
multicolor (adj)	разноцветный	[raznɔtsvétnij]

15. Questões

Quem?	Кто?	[któ?]
O que?	Что?	[ʃtó?]
Onde?	Где?	[gdé?]
Para onde?	Куда?	[kudá?]
De onde?	Откуда?	[ɔtkúda?]
Quando?	Когда?	[kɔgdá?]
Para quê?	Зачем?	[zatʃém?]
Por quê?	Почему?	[pɔtʃemú?]
Para quê?	Для чего?	[dlʲa tʃevó?]

Como?	Как?	[kák?]
Qual (~ é o problema?)	Какой?	[kakój?]
Qual (~ deles?)	Который?	[kotórij?]

A quem?	Кому?	[komú?]
De quem?	О ком?	[ɔ kóm?]
Do quê?	О чём?	[ɔ tʃóm?]
Com quem?	С кем?	[s kém?]

Quanto, -os, -as?	Сколько?	[skólʲko?]
De quem? (masc.)	Чей?	[tʃéj?]
De quem? (fem.)	Чья?	[tʃjá?]
De quem são ...?	Чьи?	[tʃjí?]

16. Preposições

com (prep.)	с	[s]
sem (prep.)	без	[bez], [bes]
a, para (exprime lugar)	в	[f], [v]
sobre (ex. falar ~)	о	[ɔ]
antes de ...	перед	[péred]
em frente de ...	перед	[péred]

debaixo de ...	под	[pɔd]
sobre (em cima de)	над	[nád]
em ..., sobre ...	на	[na]
de, do (sou ~ Rio de Janeiro)	из	[iz], [is]
de (feito ~ pedra)	из	[iz], [is]

em (~ 3 dias)	через	[tʃérez]
por cima de ...	через	[tʃérez]

17. Palavras funcionais. Advérbios. Parte 1

Onde?	Где?	[gdé?]
aqui	здесь	[zdésʲ]
lá, ali	там	[tám]

em algum lugar	где-то	[gdé-to]
em lugar nenhum	нигде	[nigdé]

perto de ...	у, около	[u], [ókolo]
perto da janela	у окна	[u okná]

Para onde?	Куда?	[kudá?]
aqui	сюда	[sʲudá]
para lá	туда	[tudá]
daqui	отсюда	[otsʲúda]
de lá, dali	оттуда	[ottúda]

perto	близко	[blísko]
longe	далеко	[dalekó]

perto de …	около	[ókɔlɔ]
à mão, perto	рядом	[rʲádɔm]
não fica longe	недалеко	[nedalekó]

esquerdo (adj)	левый	[lévij]
à esquerda	слева	[sléva]
para a esquerda	налево	[nalévɔ]

direito (adj)	правый	[právij]
à direita	справа	[správa]
para a direita	направо	[naprávɔ]

em frente	спереди	[spéredi]
da frente	передний	[perédnij]
adiante (para a frente)	вперёд	[fperǿd]

atrás de …	сзади	[szádi]
de trás	сзади	[szádi]
para trás	назад	[nazád]

| meio (m), metade (f) | середина (ж) | [seredína] |
| no meio | посередине | [pɔseredíne] |

do lado	сбоку	[zbóku]
em todo lugar	везде	[vezdé]
por todos os lados	вокруг	[vɔkrúg]

de dentro	изнутри	[iznutrí]
para algum lugar	куда-то	[kudá-tɔ]
diretamente	напрямик	[naprɪmík]
de volta	обратно	[ɔbrátnɔ]

| de algum lugar | откуда-нибудь | [ɔtkúda-nibutʲ] |
| de algum lugar | откуда-то | [ɔtkúda-tɔ] |

em primeiro lugar	во-первых	[vɔ-pérvih]
em segundo lugar	во-вторых	[vɔ-ftɔrïh]
em terceiro lugar	в-третьих	[f trétjih]

de repente	вдруг	[vdrúg]
no início	вначале	[vnatʃále]
pela primeira vez	впервые	[fpervïje]
muito antes de …	задолго до …	[zadólgɔ dɔ …]
de novo	заново	[zánɔvɔ]
para sempre	насовсем	[nasɔfsém]

nunca	никогда	[nikɔgdá]
de novo	опять	[ɔpʲátʲ]
agora	теперь	[tepérʲ]
frequentemente	часто	[tʃástɔ]
então	тогда	[tɔgdá]
urgentemente	срочно	[srótʃnɔ]
normalmente	обычно	[ɔbïtʃnɔ]

| a propósito, … | кстати, … | [kstáti, …] |
| é possível | возможно | [vɔzmóʒnɔ] |

provavelmente	вероятно	[verɔjátnɔ]
talvez	может быть	[mɔʒet bĭtʲ]
além disso, ...	кроме того, ...	[krɔ́me tɔvó, ...]
por isso ...	поэтому ...	[pɔǽtɔmu ...]
apesar de ...	несмотря на ...	[nesmɔtrʲá na ...]
graças a ...	благодаря ...	[blagɔdarʲá ...]

que (pron.)	что	[ʃtó]
que (conj.)	что	[ʃtó]
algo	что-то	[ʃtó-tɔ]
alguma coisa	что-нибудь	[ʃtó-nibutʲ]
nada	ничего	[nitʃevó]

quem	кто	[któ]
alguém (~ que ...)	кто-то	[któ-tɔ]
alguém (com ~)	кто-нибудь	[któ-nibutʲ]

ninguém	никто	[niktó]
para lugar nenhum	никуда	[nikudá]
de ninguém	ничей	[nitʃéj]
de alguém	чей-нибудь	[tʃej-nibútʲ]

tão	так	[ták]
também (gostaria ~ de ...)	также	[tágʒe]
também (~ eu)	тоже	[tóʒe]

18. Palavras funcionais. Advérbios. Parte 2

Por quê?	Почему?	[pɔtʃemú?]
por alguma razão	почему-то	[pɔtʃemú-tɔ]
porque ...	потому, что ...	[pɔtɔmú, ʃtó ...]
por qualquer razão	зачем-то	[zatʃém-tɔ]

e (tu ~ eu)	и	[i]
ou (ser ~ não ser)	или	[íli]
mas (porém)	но	[nó]
para (~ a minha mãe)	для	[dlʲá]

muito, demais	слишком	[slíʃkɔm]
só, somente	только	[tólʲkɔ]
exatamente	точно	[tótʃnɔ]
cerca de (~ 10 kg)	около	[ókɔlɔ]

aproximadamente	приблизительно	[priblizítelʲnɔ]
aproximado (adj)	приблизительный	[priblizítelʲnij]
quase	почти	[pɔtʃtí]
resto (m)	остальное (c)	[ɔstalʲnóe]

cada (adj)	каждый	[káʒdij]
qualquer (adj)	любой	[lʲubój]
muito, muitos, muitas	много	[mnógɔ]
muitas pessoas	многие	[mnógie]
todos	все	[fsé]
em troca de ...	в обмен на ...	[v ɔbmén na ...]

em troca	взамен	[vzamén]
à mão	вручную	[vrutʃnúju]
pouco provável	вряд ли	[vrʲát lʲí]

provavelmente	наверное	[navérnɔe]
de propósito	нарочно	[naróʃnɔ]
por acidente	случайно	[slutʃájnɔ]

muito	очень	[ótʃenʲ]
por exemplo	например	[naprimér]
entre	между	[méʒdu]
entre (no meio de)	среди	[sredí]
tanto	столько	[stólʲkɔ]
especialmente	особенно	[ɔsóbennɔ]

Conceitos básicos. Parte 2

19. Dias da semana

segunda-feira (f)	понедельник (м)	[pɔnedélʲnik]
terça-feira (f)	вторник (м)	[ftórnik]
quarta-feira (f)	среда (ж)	[sredá]
quinta-feira (f)	четверг (м)	[ʧetvérg]
sexta-feira (f)	пятница (ж)	[pʲátniʦa]
sábado (m)	суббота (ж)	[subóta]
domingo (m)	воскресенье (с)	[vɔskresénje]

hoje	сегодня	[sevódnʲa]
amanhã	завтра	[záftra]
depois de amanhã	послезавтра	[pɔslezáftra]
ontem	вчера	[fʧerá]
anteontem	позавчера	[pɔzaftʧerá]

dia (m)	день (м)	[dénʲ]
dia (m) de trabalho	рабочий день (м)	[rabóʧij dénʲ]
feriado (m)	праздник (м)	[práznik]
dia (m) de folga	выходной день (м)	[vihɔdnój dénʲ]
fim (m) de semana	выходные (мн)	[vihɔdnīje]

o dia todo	весь день	[vesʲ dénʲ]
no dia seguinte	на следующий день	[na sléduʃij dénʲ]
há dois dias	2 дня назад	[dvá dnʲá nazád]
na véspera	накануне	[nakanúne]
diário (adj)	ежедневный	[eʒednévnij]
todos os dias	ежедневно	[eʒednévnɔ]

semana (f)	неделя (ж)	[nedélʲa]
na semana passada	на прошлой неделе	[na próʃlɔj nedéle]
semana que vem	на следующей неделе	[na sléduʃej nedéle]
semanal (adj)	еженедельный	[eʒenedélʲnij]
toda semana	еженедельно	[eʒenedélʲnɔ]
duas vezes por semana	2 раза в неделю	[dvá ráza v nedélʲu]
toda terça-feira	каждый вторник	[káʒdij ftórnik]

20. Horas. Dia e noite

manhã (f)	утро (с)	[útrɔ]
de manhã	утром	[útrɔm]
meio-dia (m)	полдень (м)	[póldenʲ]
à tarde	после обеда	[pósle ɔbéda]

tardinha (f)	вечер (м)	[véʧer]
à tardinha	вечером	[véʧerɔm]

noite (f)	ночь (ж)	[nótʃ]
à noite	ночью	[nótʃju]
meia-noite (f)	полночь (ж)	[pólnɔtʃ]
segundo (m)	секунда (ж)	[sekúnda]
minuto (m)	минута (ж)	[minúta]
hora (f)	час (м)	[tʃás]
meia hora (f)	полчаса (мн)	[poltʃasá]
quarto (m) de hora	четверть (ж) часа	[tʃétvertʲ tʃása]
quinze minutos	15 минут	[pitnátsatʲ minút]
vinte e quatro horas	сутки (мн)	[sútki]
nascer (m) do sol	восход (м) солнца	[vɔsxód sóntsa]
amanhecer (m)	рассвет (м)	[rasvét]
madrugada (f)	раннее утро (c)	[ránnee útrɔ]
pôr-do-sol (m)	закат (м)	[zakát]
de madrugada	рано утром	[ránɔ útrɔm]
esta manhã	сегодня утром	[sevódnʲa útrɔm]
amanhã de manhã	завтра утром	[záftra útrɔm]
esta tarde	сегодня днём	[sevódnʲa dnǿm]
à tarde	после обеда	[pósle ɔbéda]
amanhã à tarde	завтра после обеда	[záftra pósle ɔbéda]
esta noite, hoje à noite	сегодня вечером	[sevódnʲa vétʃerɔm]
amanhã à noite	завтра вечером	[záftra vetʃerɔm]
às três horas em ponto	ровно в 3 часа	[róvnɔ f trí tʃasá]
por volta das quatro	около 4-х часов	[ókɔlɔ tʃetīróh tʃasóf]
às doze	к 12-ти часам	[k dvenátsatí tʃasám]
em vinte minutos	через 20 минут	[tʃéres dvátsatʲ minút]
em uma hora	через час	[tʃéres tʃás]
a tempo	вовремя	[vóvremʲa]
… um quarto para	без четверти …	[bes tʃétverti …]
dentro de uma hora	в течение часа	[f tetʃénie tʃása]
a cada quinze minutos	каждые 15 минут	[káʒdie pitnátsatʲ minút]
as vinte e quatro horas	круглые сутки	[krúglie sútki]

21. Meses. Estações

janeiro (m)	январь (м)	[jınvárʲ]
fevereiro (m)	февраль (м)	[fevrálʲ]
março (m)	март (м)	[márt]
abril (m)	апрель (м)	[aprélʲ]
maio (m)	май (м)	[máj]
junho (m)	июнь (м)	[ijúnʲ]
julho (m)	июль (м)	[ijúlʲ]
agosto (m)	август (м)	[ávgust]
setembro (m)	сентябрь (м)	[sentʲábrʲ]
outubro (m)	октябрь (м)	[ɔktʲábrʲ]

| novembro (m) | ноябрь (м) | [nɔjábrʲ] |
| dezembro (m) | декабрь (м) | [dekábrʲ] |

primavera (f)	весна (ж)	[vesná]
na primavera	весной	[vesnój]
primaveril (adj)	весенний	[vesénnij]

verão (m)	лето (с)	[létɔ]
no verão	летом	[létɔm]
de verão	летний	[létnij]

outono (m)	осень (ж)	[ósenʲ]
no outono	осенью	[ósenju]
outonal (adj)	осенний	[ɔsénnij]

inverno (m)	зима (ж)	[zimá]
no inverno	зимой	[zimój]
de inverno	зимний	[zímnij]

mês (m)	месяц (м)	[mésɪʦ]
este mês	в этом месяце	[v ǽtɔm mésɪtse]
mês que vem	в следующем месяце	[f sléduʃem mésɪtse]
no mês passado	в прошлом месяце	[f próʃlɔm mésɪtse]

um mês atrás	месяц назад	[mésɪʦ nazád]
em um mês	через месяц	[ʧéres mésɪʦ]
em dois meses	через 2 месяца	[ʧéres dvá mésɪtsa]
todo o mês	весь месяц	[vesʲ mésɪʦ]
um mês inteiro	целый месяц	[ʦǽlij mésɪʦ]

mensal (adj)	ежемесячный	[eʒemésɪʧnij]
mensalmente	ежемесячно	[eʒemésɪʧnɔ]
todo mês	каждый месяц	[káʒdij mésɪʦ]
duas vezes por mês	2 раза в месяц	[dvá ráza v mésɪʦ]

ano (m)	год (м)	[gód]
este ano	в этом году	[v ǽtɔm gɔdú]
ano que vem	в следующем году	[f sléduʃem gɔdú]
no ano passado	в прошлом году	[f próʃlɔm gɔdú]

há um ano	год назад	[gót nazád]
em um ano	через год	[ʧéres gód]
dentro de dois anos	через 2 года	[ʧéres dvá góda]
todo o ano	весь год	[vesʲ gód]
um ano inteiro	целый год	[ʦǽlij gód]

cada ano	каждый год	[káʒdij gód]
anual (adj)	ежегодный	[eʒegódnij]
anualmente	ежегодно	[eʒegódnɔ]
quatro vezes por ano	4 раза в год	[ʧetīre ráza v gód]

data (~ de hoje)	число (с)	[ʧisló]
data (ex. ~ de nascimento)	дата (ж)	[dáta]
calendário (m)	календарь (м)	[kalendárʲ]
meio ano	полгода	[pɔlgóda]
seis meses	полугодие (с)	[pɔlugódie]

| estação (f) | сезон (м) | [sezón] |
| século (m) | век (м) | [vék] |

22. Unidades de medida

peso (m)	вес (м)	[vés]
comprimento (m)	длина (ж)	[dliná]
largura (f)	ширина (ж)	[ʃiriná]
altura (f)	высота (ж)	[visɔtá]
profundidade (f)	глубина (ж)	[glubiná]
volume (m)	объём (м)	[ɔbjóm]
área (f)	площадь (ж)	[plóʃatʲ]

grama (m)	грамм (м)	[grám]
miligrama (m)	миллиграмм (м)	[miligrám]
quilograma (m)	килограмм (м)	[kilɔgrám]
tonelada (f)	тонна (ж)	[tónna]
libra (453,6 gramas)	фунт (м)	[fúnt]
onça (f)	унция (ж)	[úntsija]

metro (m)	метр (м)	[métr]
milímetro (m)	миллиметр (м)	[milimétr]
centímetro (m)	сантиметр (м)	[santimétr]
quilômetro (m)	километр (м)	[kilɔmétr]
milha (f)	миля (ж)	[mílʲa]

polegada (f)	дюйм (м)	[dʲújm]
pé (304,74 mm)	фут (м)	[fút]
jarda (914,383 mm)	ярд (м)	[járd]

| metro (m) quadrado | квадратный метр (м) | [kvadrátnij métr] |
| hectare (m) | гектар (м) | [gektár] |

litro (m)	литр (м)	[lítr]
grau (m)	градус (м)	[grádus]
volt (m)	вольт (м)	[vólʲt]
ampère (m)	ампер (м)	[ampér]
cavalo (m) de potência	лошадиная сила (ж)	[lɔʃidínaja síla]

quantidade (f)	количество (с)	[kɔlíʧestvɔ]
um pouco de …	немного …	[nemnógɔ …]
metade (f)	половина (ж)	[pɔlɔvína]

| dúzia (f) | дюжина (ж) | [dʲúʒina] |
| peça (f) | штука (ж) | [ʃtúka] |

| tamanho (m), dimensão (f) | размер (м) | [razmér] |
| escala (f) | масштаб (м) | [maʃtáb] |

mínimo (adj)	минимальный	[minimálʲnij]
menor, mais pequeno	наименьший	[naiménʲʃij]
médio (adj)	средний	[srédnij]
máximo (adj)	максимальный	[maksimálʲnij]
maior, mais grande	наибольший	[naibólʲʃij]

23. Recipientes

pote (m) de vidro	банка (ж)	[bánka]
lata (~ de cerveja)	банка (ж)	[bánka]
balde (m)	ведро (c)	[vedró]
barril (m)	бочка (ж)	[bótʃka]
bacia (~ de plástico)	таз (м)	[tás]
tanque (m)	бак (м)	[bák]
cantil (m) de bolso	фляжка (ж)	[flʲáʃka]
galão (m) de gasolina	канистра (ж)	[kanístra]
cisterna (f)	цистерна (ж)	[tsistǽrna]
caneca (f)	кружка (ж)	[krúʃka]
xícara (f)	чашка (ж)	[tʃáʃka]
pires (m)	блюдце (c)	[blʲútse]
copo (m)	стакан (м)	[stakán]
taça (f) de vinho	бокал (м)	[bɔkál]
panela (f)	кастрюля (ж)	[kastrʲúlʲa]
garrafa (f)	бутылка (ж)	[butíɪlka]
gargalo (m)	горлышко (c)	[górliʃkɔ]
jarra (f)	графин (м)	[grafín]
jarro (m)	кувшин (м)	[kuʃʃín]
recipiente (m)	сосуд (м)	[sɔsúd]
pote (m)	горшок (м)	[gɔrʃók]
vaso (m)	ваза (ж)	[váza]
frasco (~ de perfume)	флакон (м)	[flakón]
frasquinho (m)	пузырёк (м)	[puzirǿk]
tubo (m)	тюбик (м)	[tʲúbik]
saco (ex. ~ de açúcar)	мешок (м)	[meʃók]
sacola (~ plastica)	пакет (м)	[pakét]
maço (de cigarros, etc.)	пачка (ж)	[pátʃka]
caixa (~ de sapatos, etc.)	коробка (ж)	[kɔrópka]
caixote (~ de madeira)	ящик (м)	[jáʃik]
cesto (m)	корзина (ж)	[kɔrzína]

O SER HUMANO

O ser humano. O corpo

24. Cabeça

cabeça (f)	голова (ж)	[gɔlɔvá]
rosto, cara (f)	лицо (с)	[litsó]
nariz (m)	нос (м)	[nós]
boca (f)	рот (м)	[rót]
olho (m)	глаз (м)	[glás]
olhos (m pl)	глаза (мн)	[glazá]
pupila (f)	зрачок (м)	[zraʧók]
sobrancelha (f)	бровь (ж)	[brófʲ]
cílio (f)	ресница (ж)	[resnítsa]
pálpebra (f)	веко (с)	[vékɔ]
língua (f)	язык (м)	[jɪzĩk]
dente (m)	зуб (м)	[zúb]
lábios (m pl)	губы (мн)	[gúbɨ]
maçãs (f pl) do rosto	скулы (мн)	[skúlɨ]
gengiva (f)	десна (ж)	[desná]
palato (m)	нёбо (с)	[nǿbɔ]
narinas (f pl)	ноздри (мн)	[nózdri]
queixo (m)	подбородок (м)	[pɔdbɔródɔk]
mandíbula (f)	челюсть (ж)	[ʧélʲustʲ]
bochecha (f)	щека (ж)	[ʃʲeká]
testa (f)	лоб (м)	[lób]
têmpora (f)	висок (м)	[visók]
orelha (f)	ухо (с)	[úhɔ]
costas (f pl) da cabeça	затылок (м)	[zatĩlɔk]
pescoço (m)	шея (ж)	[ʃǽja]
garganta (f)	горло (с)	[górlɔ]
cabelo (m)	волосы (мн)	[vólɔsɨ]
penteado (m)	причёска (ж)	[priʧóska]
corte (m) de cabelo	стрижка (ж)	[stríʃka]
peruca (f)	парик (м)	[parík]
bigode (m)	усы (м мн)	[usĩ]
barba (f)	борода (ж)	[bɔrɔdá]
ter (~ barba, etc.)	носить (нсв, пх)	[nɔsítʲ]
trança (f)	коса (ж)	[kɔsá]
suíças (f pl)	бакенбарды (мн)	[bakenbárdɨ]
ruivo (adj)	рыжий	[rĩʒij]
grisalho (adj)	седой	[sedój]

| careca (adj) | лысый | [lɨ́sij] |
| calva (f) | лысина (ж) | [lɨ́sina] |

| rabo-de-cavalo (m) | хвост (м) | [hvóst] |
| franja (f) | чёлка (ж) | [ʧólka] |

25. Corpo humano

| mão (f) | кисть (ж) | [kístʲ] |
| braço (m) | рука (ж) | [ruká] |

dedo (m)	палец (м)	[páleʦ]
polegar (m)	большой палец (м)	[bolʲʃój páleʦ]
dedo (m) mindinho	мизинец (м)	[mizíneʦ]
unha (f)	ноготь (м)	[nógotʲ]

punho (m)	кулак (м)	[kulák]
palma (f)	ладонь (ж)	[ladónʲ]
pulso (m)	запястье (с)	[zapʲástje]
antebraço (m)	предплечье (с)	[pretplétʃje]
cotovelo (m)	локоть (м)	[lókotʲ]
ombro (m)	плечо (с)	[pleʧó]

perna (f)	нога (ж)	[nɔgá]
pé (m)	ступня (ж)	[stupnʲá]
joelho (m)	колено (с)	[kɔlénɔ]
panturrilha (f)	икра (ж)	[ikrá]
quadril (m)	бедро (с)	[bedró]
calcanhar (m)	пятка (ж)	[pʲátka]

corpo (m)	тело (с)	[télɔ]
barriga (f), ventre (m)	живот (м)	[ʒɨvót]
peito (m)	грудь (ж)	[grútʲ]
seio (m)	грудь (ж)	[grútʲ]
lado (m)	бок (м)	[bók]
costas (dorso)	спина (ж)	[spiná]
região (f) lombar	поясница (ж)	[pɔjisníʦa]
cintura (f)	талия (ж)	[tálija]

umbigo (m)	пупок (м)	[pupók]
nádegas (f pl)	ягодицы (мн)	[jágɔdiʦɨ]
traseiro (m)	зад (м)	[zád]

sinal (m), pinta (f)	родинка (ж)	[ródinka]
sinal (m) de nascença	родимое пятно (с)	[rɔdímɔe pɪtnó]
tatuagem (f)	татуировка (ж)	[tatuirófka]
cicatriz (f)	шрам (м)	[ʃrám]

Vestuário & Acessórios

26. Roupa exterior. Casacos

roupa (f)	одежда (ж)	[ɔdéʒda]
roupa (f) exterior	верхняя одежда (ж)	[vérhnʲaja ɔdéʒda]
roupa (f) de inverno	зимняя одежда (ж)	[zímnʲaja ɔdéʒda]
sobretudo (m)	пальто (c)	[palʲtó]
casaco (m) de pele	шуба (ж)	[ʃúba]
jaqueta (f) de pele	полушубок (м)	[poluʃúbɔk]
casaco (m) acolchoado	пуховик (м)	[puhɔvík]
casaco (m), jaqueta (f)	куртка (ж)	[kúrtka]
impermeável (m)	плащ (м)	[pláʃʲ]
a prova d'água	непромокаемый	[neprɔmɔkáemɨj]

27. Vestuário de homem & mulher

camisa (f)	рубашка (ж)	[rubáʃka]
calça (f)	брюки (мн)	[brʲúki]
jeans (m)	джинсы (мн)	[dʒĩnsɨ]
paletó, terno (m)	пиджак (м)	[pidʒák]
terno (m)	костюм (м)	[kɔstʲúm]
vestido (ex. ~ de noiva)	платье (c)	[plátje]
saia (f)	юбка (ж)	[júpka]
blusa (f)	блузка (ж)	[blúska]
casaco (m) de malha	кофта (ж)	[kófta]
casaco, blazer (m)	жакет (м)	[ʒakét]
camiseta (f)	футболка (ж)	[futbólka]
short (m)	шорты (мн)	[ʃórtɨ]
training (m)	спортивный костюм (м)	[spɔrtívnɨj kɔstʲúm]
roupão (m) de banho	халат (м)	[halát]
pijama (m)	пижама (ж)	[piʒáma]
suéter (m)	свитер (м)	[svítɛr]
pulôver (m)	пуловер (м)	[pulóver]
colete (m)	жилет (м)	[ʒilét]
fraque (m)	фрак (м)	[frák]
smoking (m)	смокинг (м)	[smóking]
uniforme (m)	форма (ж)	[fórma]
roupa (f) de trabalho	рабочая одежда (ж)	[rabóʧʲaja ɔdéʒda]
macacão (m)	комбинезон (м)	[kɔmbinezón]
jaleco (m), bata (f)	халат (м)	[halát]

28. Vestuário. Roupa interior

roupa (f) íntima	бельё (с)	[beljó]
cueca boxer (f)	трусы (м)	[trusī]
calcinha (f)	бельё (с)	[beljó]
camiseta (f)	майка (ж)	[májka]
meias (f pl)	носки (мн)	[nɔskí]

camisola (f)	ночная рубашка (ж)	[nɔtʃnája rubáʃka]
sutiã (m)	бюстгальтер (м)	[bʲusgálʲter]
meias longas (f pl)	гольфы (мн)	[gólʲfi]
meias-calças (f pl)	колготки (мн)	[kɔlgótki]
meias (~ de nylon)	чулки (мн)	[tʃʲulkí]
maiô (m)	купальник (м)	[kupálʲnik]

29. Adereços de cabeça

chapéu (m), touca (f)	шапка (ж)	[ʃápka]
chapéu (m) de feltro	шляпа (ж)	[ʃlʲápa]
boné (m) de beisebol	бейсболка (ж)	[bejzbólka]
boina (~ italiana)	кепка (ж)	[képka]

boina (ex. ~ basca)	берет (м)	[berét]
capuz (m)	капюшон (м)	[kapʲuʃón]
chapéu panamá (m)	панамка (ж)	[panámka]
touca (f)	вязаная шапочка (ж)	[vʲázanaja ʃápotʃka]

| lenço (m) | платок (м) | [platók] |
| chapéu (m) feminino | шляпка (ж) | [ʃlʲápka] |

capacete (m) de proteção	каска (ж)	[káska]
bibico (m)	пилотка (ж)	[pilótka]
capacete (m)	шлем (м)	[ʃlém]

| chapéu-coco (m) | котелок (м) | [kɔtelók] |
| cartola (f) | цилиндр (м) | [ʦilíndr] |

30. Calçado

calçado (m)	обувь (ж)	[óbufʲ]
botinas (f pl), sapatos (m pl)	ботинки (мн)	[botínki]
sapatos (de salto alto, etc.)	туфли (мн)	[túfli]
botas (f pl)	сапоги (мн)	[sapɔgí]
pantufas (f pl)	тапочки (мн)	[tápotʃki]

tênis (~ Nike, etc.)	кроссовки (мн)	[krɔsófki]
tênis (~ Converse)	кеды (мн)	[kédi]
sandálias (f pl)	сандалии (мн)	[sandálii]

| sapateiro (m) | сапожник (м) | [sapóʒnik] |
| salto (m) | каблук (м) | [kablúk] |

par (m)	пара (ж)	[pára]
cadarço (m)	шнурок (м)	[ʃnurók]
amarrar os cadarços	шнуровать (нсв, пх)	[ʃnurɔvátʲ]
calçadeira (f)	рожок (м)	[rɔʒók]
graxa (f) para calçado	крем (м) для обуви	[krém dlʲa óbuvi]

31. Acessórios pessoais

luva (f)	перчатки (ж мн)	[pertʃátki]
mitenes (f pl)	варежки (ж мн)	[váreʃki]
cachecol (m)	шарф (м)	[ʃárf]

óculos (m pl)	очки (мн)	[ɔtʃkí]
armação (f)	оправа (ж)	[ɔpráva]
guarda-chuva (m)	зонт (м)	[zónt]
bengala (f)	трость (ж)	[tróstʲ]
escova (f) para o cabelo	щётка (ж) для волос	[ʃʲɵtka dlʲa vɔlós]
leque (m)	веер (м)	[véer]

gravata (f)	галстук (м)	[gálstuk]
gravata-borboleta (f)	галстук-бабочка (м)	[gálstuk-bábɔtʃka]
suspensórios (m pl)	подтяжки (мн)	[pottʲáʃki]
lenço (m)	носовой платок (м)	[nɔsɔvój platók]

pente (m)	расчёска (ж)	[raʃɵska]
fivela (f) para cabelo	заколка (ж)	[zakólka]
grampo (m)	шпилька (ж)	[ʃpílʲka]
fivela (f)	пряжка (ж)	[prʲáʃka]

| cinto (m) | пояс (м) | [pójas] |
| alça (f) de ombro | ремень (м) | [reménʲ] |

bolsa (f)	сумка (ж)	[súmka]
bolsa (feminina)	сумочка (ж)	[súmɔtʃka]
mochila (f)	рюкзак (м)	[rʲukzák]

32. Vestuário. Diversos

moda (f)	мода (ж)	[móda]
na moda (adj)	модный	[módnij]
estilista (m)	модельер (м)	[mɔdɛljér]

colarinho (m)	воротник (м)	[vɔrɔtník]
bolso (m)	карман (м)	[karmán]
de bolso	карманный	[karmánnij]
manga (f)	рукав (м)	[rukáf]
ganchinho (m)	вешалка (ж)	[véʃəlka]
bragueta (f)	ширинка (ж)	[ʃirínka]

zíper (m)	молния (ж)	[mólnija]
colchete (m)	застёжка (ж)	[zastɵʃka]
botão (m)	пуговица (ж)	[púgɔvitsa]

botoeira (casa de botão)	петля (ж)	[petlʲá]
soltar-se (vr)	оторваться (св, возв)	[ɔtɔrvátsa]
costurar (vi)	шить (нсв, н/пх)	[ʃítʲ]
bordar (vt)	вышивать (нсв, н/пх)	[viʃivátʲ]
bordado (m)	вышивка (ж)	[viʃifka]
agulha (f)	иголка (ж)	[igólka]
fio, linha (f)	нитка (ж)	[nítka]
costura (f)	шов (м)	[ʃóf]
sujar-se (vr)	испачкаться (св, возв)	[ispátʃkatsa]
mancha (f)	пятно (с)	[pɪtnó]
amarrotar-se (vr)	помяться (нсв, возв)	[pomʲátsa]
rasgar (vt)	порвать (св, пх)	[pɔrvátʲ]
traça (f)	моль (м)	[mólʲ]

33. Cuidados pessoais. Cosméticos

pasta (f) de dente	зубная паста (ж)	[zubnája pásta]
escova (f) de dente	зубная щётка (ж)	[zubnája ʃǿtka]
escovar os dentes	чистить зубы	[tʃístitʲ zúbi]
gilete (f)	бритва (ж)	[brítva]
creme (m) de barbear	крем (м) для бритья	[krém dlʲa britjá]
barbear-se (vr)	бриться (нсв, возв)	[brítsa]
sabonete (m)	мыло (с)	[mílɔ]
xampu (m)	шампунь (м)	[ʃampúnʲ]
tesoura (f)	ножницы (мн)	[nóʒnitsi]
lixa (f) de unhas	пилочка (ж) для ногтей	[pílɔtʃka dlʲa nɔktéj]
corta-unhas (m)	щипчики (мн)	[ʃʲíptʃiki]
pinça (f)	пинцет (м)	[pintsæt]
cosméticos (m pl)	косметика (ж)	[kɔsmétika]
máscara (f)	маска (ж)	[máska]
manicure (f)	маникюр (м)	[manikʲúr]
fazer as unhas	делать маникюр	[délatʲ manikʲúr]
pedicure (f)	педикюр (м)	[pedikʲúr]
bolsa (f) de maquiagem	косметичка (ж)	[kɔsmetítʃka]
pó (de arroz)	пудра (ж)	[púdra]
pó (m) compacto	пудреница (ж)	[púdrenitsa]
blush (m)	румяна (ж)	[rumʲána]
perfume (m)	духи (мн)	[duhí]
água-de-colônia (f)	туалетная вода (ж)	[tualétnaja vɔdá]
loção (f)	лосьон (м)	[lɔsjón]
colônia (f)	одеколон (м)	[ɔdekɔlón]
sombra (f) de olhos	тени (мн) для век	[téni dlʲa vék]
delineador (m)	карандаш (м) для глаз	[karandáʃ dlʲa glás]
máscara (f), rímel (m)	тушь (ж)	[túʃ]
batom (m)	губная помада (ж)	[gubnája pɔmáda]

esmalte (m)	лак (м) для ногтей	[lák dlʲa nɔktéj]
laquê (m), spray fixador (m)	лак (м) для волос	[lák dlʲa vɔlós]
desodorante (m)	дезодорант (м)	[dezɔdɔránt]

creme (m)	крем (м)	[krém]
creme (m) de rosto	крем (м) для лица	[krém dlʲa litsá]
creme (m) de mãos	крем (м) для рук	[krém dlʲa rúk]
creme (m) antirrugas	крем (м) против морщин	[krém prótif mɔrʃín]
creme (m) de dia	дневной крем (м)	[dnevnój krém]
creme (m) de noite	ночной крем (м)	[nɔtʃnój krém]
de dia	дневной	[dnevnój]
da noite	ночной	[nɔtʃnój]

absorvente (m) interno	тампон (м)	[tampón]
papel (m) higiênico	туалетная бумага (ж)	[tualétnaja bumága]
secador (m) de cabelo	фен (м)	[fén]

34. Relógios de pulso. Relógios

relógio (m) de pulso	часы (мн)	[tʃasī]
mostrador (m)	циферблат (м)	[tsiferblát]
ponteiro (m)	стрелка (ж)	[strélka]
bracelete (em aço)	браслет (м)	[braslét]
bracelete (em couro)	ремешок (м)	[remeʃók]

pilha (f)	батарейка (ж)	[bataréjka]
acabar (vi)	сесть (св, нпх)	[séstʲ]
trocar a pilha	поменять батарейку	[pɔmenʲátʲ bataréjku]
estar adiantado	спешить (нсв, нпх)	[speʃítʲ]
estar atrasado	отставать (нсв, нпх)	[ɔtstavátʲ]

relógio (m) de parede	настенные часы (мн)	[nasténnie tʃasī]
ampulheta (f)	песочные часы (мн)	[pesótʃnie tʃasī]
relógio (m) de sol	солнечные часы (мн)	[sólnetʃnie tʃasī]
despertador (m)	будильник (м)	[budílʲnik]
relojoeiro (m)	часовщик (м)	[tʃasɔfʃʲík]
reparar (vt)	ремонтировать (нсв, пх)	[remɔntírɔvatʲ]

Alimentação. Nutrição

35. Comida

carne (f)	мясо (с)	[m'ásɔ]
galinha (f)	курица (ж)	[kúritsa]
frango (m)	цыплёнок (м)	[tsɨplǿnɔk]
pato (m)	утка (ж)	[útka]
ganso (m)	гусь (м)	[gús']
caça (f)	дичь (ж)	[dítʃ']
peru (m)	индейка (ж)	[indéjka]
carne (f) de porco	свинина (ж)	[svinína]
carne (f) de vitela	телятина (ж)	[tel'átina]
carne (f) de carneiro	баранина (ж)	[baránina]
carne (f) de vaca	говядина (ж)	[gɔv'ádina]
carne (f) de coelho	кролик (м)	[królik]
linguiça (f), salsichão (m)	колбаса (ж)	[kɔlbasá]
salsicha (f)	сосиска (ж)	[sɔsíska]
bacon (m)	бекон (м)	[bekón]
presunto (m)	ветчина (ж)	[vettʃiná]
pernil (m) de porco	окорок (м)	[ókɔrɔk]
patê (m)	паштет (м)	[paʃtét]
fígado (m)	печень (ж)	[pétʃen']
guisado (m)	фарш (м)	[fárʃ]
língua (f)	язык (м)	[jɪzɪ̃k]
ovo (m)	яйцо (с)	[jijtsó]
ovos (m pl)	яйца (мн)	[jájtsa]
clara (f) de ovo	белок (м)	[belók]
gema (f) de ovo	желток (м)	[ʒeltók]
peixe (m)	рыба (ж)	[rɪ̃ba]
mariscos (m pl)	морепродукты (мн)	[mɔre·prɔdúkti]
crustáceos (m pl)	ракообразные (мн)	[rakɔɔbráznɨe]
caviar (m)	икра (ж)	[ikrá]
caranguejo (m)	краб (м)	[kráb]
camarão (m)	креветка (ж)	[krevétka]
ostra (f)	устрица (ж)	[ústritsa]
lagosta (f)	лангуст (м)	[langúst]
polvo (m)	осьминог (м)	[ɔs'minóg]
lula (f)	кальмар (м)	[kal'már]
esturjão (m)	осетрина (ж)	[ɔsetrína]
salmão (m)	лосось (м)	[lɔsós']
halibute (m)	палтус (м)	[páltus]
bacalhau (m)	треска (ж)	[treská]

cavala, sarda (f)	скумбрия (ж)	[skúmbrija]
atum (m)	тунец (м)	[tunéts]
enguia (f)	угорь (м)	[úgorʲ]

truta (f)	форель (ж)	[forǽlʲ]
sardinha (f)	сардина (ж)	[sardína]
lúcio (m)	щука (ж)	[ʃúka]
arenque (m)	сельдь (ж)	[sélʲtʲ]

pão (m)	хлеб (м)	[hléb]
queijo (m)	сыр (м)	[sīr]
açúcar (m)	сахар (м)	[sáhar]
sal (m)	соль (ж)	[sólʲ]

arroz (m)	рис (м)	[rís]
massas (f pl)	макароны (мн)	[makaróni]
talharim, miojo (m)	лапша (ж)	[lapʃá]

manteiga (f)	сливочное масло (с)	[slívotʃnoe máslo]
óleo (m) vegetal	растительное масло (с)	[rastítelʲnoe máslo]
óleo (m) de girassol	подсолнечное масло (с)	[potsólnetʃnoe máslo]
margarina (f)	маргарин (м)	[margarín]

| azeitonas (f pl) | оливки (мн) | [olífki] |
| azeite (m) | оливковое масло (с) | [olífkovoe máslo] |

leite (m)	молоко (с)	[molokó]
leite (m) condensado	сгущённое молоко (с)	[sguʃǿnoe molokó]
iogurte (m)	йогурт (м)	[jógurt]
creme (m) azedo	сметана (ж)	[smetána]
creme (m) de leite	сливки (мн)	[slífki]

| maionese (f) | майонез (м) | [majinǽs] |
| creme (m) | крем (м) | [krém] |

grãos (m pl) de cereais	крупа (ж)	[krupá]
farinha (f)	мука (ж)	[muká]
enlatados (m pl)	консервы (мн)	[konsérvi]

flocos (m pl) de milho	кукурузные хлопья (мн)	[kukurúznie hlópja]
mel (m)	мёд (м)	[mǿd]
geleia (m)	джем, конфитюр (м)	[dʒǽm], [konfitʲúr]
chiclete (m)	жевательная резинка (м)	[ʒevátelʲnaja rezínka]

36. Bebidas

água (f)	вода (ж)	[vodá]
água (f) potável	питьевая вода (ж)	[pitjevája vodá]
água (f) mineral	минеральная вода (ж)	[minerálʲnaja vodá]

sem gás (adj)	без газа	[bez gáza]
gaseificada (adj)	газированная	[gazíróvanaja]
com gás	с газом	[s gázom]
gelo (m)	лёд (м)	[lǿd]

com gelo	со льдом	[so lʲdóm]
não alcoólico (adj)	безалкогольный	[bezalkɔgólʲnij]
refrigerante (m)	безалкогольный напиток (м)	[bezalkɔgólʲnij napítɔk]
refresco (m)	прохладительный напиток (м)	[prɔhladítelʲnij napítɔk]
limonada (f)	лимонад (м)	[limɔnád]
bebidas (f pl) alcoólicas	алкогольные напитки (мн)	[alkɔgólʲnie napítki]
vinho (m)	вино (с)	[vinó]
vinho (m) branco	белое вино (с)	[bélɔe vinó]
vinho (m) tinto	красное вино (с)	[krásnɔe vinó]
licor (m)	ликёр (м)	[likǿr]
champanhe (m)	шампанское (с)	[ʃampánskɔe]
vermute (m)	вермут (м)	[vérmut]
uísque (m)	виски (с)	[víski]
vodca (f)	водка (ж)	[vótka]
gim (m)	джин (м)	[dʒĩn]
conhaque (m)	коньяк (м)	[kɔnják]
rum (m)	ром (м)	[róm]
café (m)	кофе (м)	[kófe]
café (m) preto	чёрный кофе (м)	[tʃórnij kófe]
café (m) com leite	кофе (м) с молоком	[kófe s mɔlɔkóm]
cappuccino (m)	кофе (м) со сливками	[kófe sɔ slífkami]
café (m) solúvel	растворимый кофе (м)	[rastvɔrímij kófe]
leite (m)	молоко (с)	[mɔlɔkó]
coquetel (m)	коктейль (м)	[kɔktǽjlʲ]
batida (f), milkshake (m)	молочный коктейль (м)	[mɔlótʃnij kɔktǽjlʲ]
suco (m)	сок (м)	[sók]
suco (m) de tomate	томатный сок (м)	[tɔmátnij sók]
suco (m) de laranja	апельсиновый сок (м)	[apelʲsínɔvij sók]
suco (m) fresco	свежевыжатый сок (м)	[sveʒe·vĩʒatij sók]
cerveja (f)	пиво (с)	[pívɔ]
cerveja (f) clara	светлое пиво (с)	[svétlɔe pívɔ]
cerveja (f) preta	тёмное пиво (с)	[tǿmnɔe pívɔ]
chá (m)	чай (м)	[tʃáj]
chá (m) preto	чёрный чай (м)	[tʃórnij tʃáj]
chá (m) verde	зелёный чай (м)	[zelǿnij tʃáj]

37. Vegetais

vegetais (m pl)	овощи (м мн)	[óvɔʃʲi]
verdura (f)	зелень (ж)	[zélenʲ]
tomate (m)	помидор (м)	[pɔmidór]
pepino (m)	огурец (м)	[ɔguréts]
cenoura (f)	морковь (ж)	[mɔrkófʲ]

batata (f)	картофель (м)	[kartófelʲ]
cebola (f)	лук (м)	[lúk]
alho (m)	чеснок (м)	[ʧesnók]

couve (f)	капуста (ж)	[kapústa]
couve-flor (f)	цветная капуста (ж)	[ʦvetnája kapústa]
couve-de-bruxelas (f)	брюссельская капуста (ж)	[brʲusélʲskaja kapústa]
brócolis (m pl)	капуста брокколи (ж)	[kapústa brókɔli]

beterraba (f)	свёкла (ж)	[svǿkla]
berinjela (f)	баклажан (м)	[baklaʒán]
abobrinha (f)	кабачок (м)	[kabaʧók]
abóbora (f)	тыква (ж)	[tɨ̄kva]
nabo (m)	репа (ж)	[répa]

salsa (f)	петрушка (ж)	[petrúʃka]
endro, aneto (m)	укроп (м)	[ukróp]
alface (f)	салат (м)	[salát]
aipo (m)	сельдерей (м)	[selʲderéj]
aspargo (m)	спаржа (ж)	[spárʒa]
espinafre (m)	шпинат (м)	[ʃpinát]

ervilha (f)	горох (м)	[gɔróh]
feijão (~ soja, etc.)	бобы (мн)	[bɔbɨ̄]
milho (m)	кукуруза (ж)	[kukurúza]
feijão (m) roxo	фасоль (ж)	[fasólʲ]

pimentão (m)	перец (м)	[pérets]
rabanete (m)	редис (м)	[redís]
alcachofra (f)	артишок (м)	[artiʃók]

38. Frutos. Nozes

fruta (f)	фрукт (м)	[frúkt]
maçã (f)	яблоко (с)	[jáblɔkɔ]
pera (f)	груша (ж)	[grúʃa]
limão (m)	лимон (м)	[limón]
laranja (f)	апельсин (м)	[apelʲsín]
morango (m)	клубника (ж)	[klubníka]

tangerina (f)	мандарин (м)	[mandarín]
ameixa (f)	слива (ж)	[slíva]
pêssego (m)	персик (м)	[pérsik]
damasco (m)	абрикос (м)	[abrikós]
framboesa (f)	малина (ж)	[malína]
abacaxi (m)	ананас (м)	[ananás]

banana (f)	банан (м)	[banán]
melancia (f)	арбуз (м)	[arbús]
uva (f)	виноград (м)	[vinɔgrád]
ginja (f)	вишня (ж)	[víʃnʲa]
cereja (f)	черешня (ж)	[ʧeréʃnʲa]
melão (m)	дыня (ж)	[dɨ̄nʲa]
toranja (f)	грейпфрут (м)	[gréjpfrut]

abacate (m)	авокадо (c)	[avɔkádɔ]
mamão (m)	папайя (ж)	[papája]
manga (f)	манго (c)	[mángɔ]
romã (f)	гранат (м)	[granát]

groselha (f) vermelha	красная смородина (ж)	[krásnaja smɔródina]
groselha (f) negra	чёрная смородина (ж)	[tʃórnaja smɔródina]
groselha (f) espinhosa	крыжовник (м)	[kriʒóvnik]
mirtilo (m)	черника (ж)	[tʃerníka]
amora (f) silvestre	ежевика (ж)	[eʒevíka]

passa (f)	изюм (м)	[izʲúm]
figo (m)	инжир (м)	[inʒĭr]
tâmara (f)	финик (м)	[fínik]

amendoim (m)	арахис (м)	[aráhis]
amêndoa (f)	миндаль (м)	[mindálʲ]
noz (f)	грецкий орех (м)	[grétskij ɔréh]
avelã (f)	лесной орех (м)	[lesnój ɔréh]
coco (m)	кокосовый орех (м)	[kɔkósɔvij ɔréh]
pistaches (m pl)	фисташки (мн)	[fistáʃki]

39. Pão. Bolaria

pastelaria (f)	кондитерские изделия (мн)	[kɔndíterskie izdélija]
pão (m)	хлеб (м)	[hléb]
biscoito (m), bolacha (f)	печенье (c)	[petʃénje]

chocolate (m)	шоколад (м)	[ʃɔkɔlád]
de chocolate	шоколадный	[ʃɔkɔládnij]
bala (f)	конфета (ж)	[kɔnféta]
doce (bolo pequeno)	пирожное (c)	[piróʒnɔe]
bolo (m) de aniversário	торт (м)	[tórt]

| torta (f) | пирог (м) | [piróg] |
| recheio (m) | начинка (ж) | [natʃínka] |

geleia (m)	варенье (c)	[varénje]
marmelada (f)	мармелад (м)	[marmelád]
wafers (m pl)	вафли (мн)	[váfli]
sorvete (m)	мороженое (c)	[mɔróʒenɔe]
pudim (m)	пудинг (м)	[púding]

40. Pratos cozinhados

prato (m)	блюдо (c)	[blʲúdɔ]
cozinha (~ portuguesa)	кухня (ж)	[kúhnʲa]
receita (f)	рецепт (м)	[retsæpt]
porção (f)	порция (ж)	[pórtsija]

| salada (f) | салат (м) | [salát] |
| sopa (f) | суп (м) | [súp] |

caldo (m)	бульон (м)	[buljón]
sanduíche (m)	бутерброд (м)	[buterbród]
ovos (m pl) fritos	яичница (ж)	[iíʃniʦa]

| hambúrguer (m) | гамбургер (м) | [gámburger] |
| bife (m) | бифштекс (м) | [bifʃtǽks] |

acompanhamento (m)	гарнир (м)	[garnír]
espaguete (m)	спагетти (мн)	[spagéti]
purê (m) de batata	картофельное пюре (с)	[kartófelʲnɔe pʲuré]
pizza (f)	пицца (ж)	[píʦa]
mingau (m)	каша (ж)	[káʃa]
omelete (f)	омлет (м)	[ɔmlét]

fervido (adj)	варёный	[varǿnij]
defumado (adj)	копчёный	[kɔptʃónij]
frito (adj)	жареный	[ʒárenij]
seco (adj)	сушёный	[suʃónij]
congelado (adj)	замороженный	[zamɔróʒenij]
em conserva (adj)	маринованный	[marinóvanij]

doce (adj)	сладкий	[slátkij]
salgado (adj)	солёный	[sɔlǿnij]
frio (adj)	холодный	[hɔlódnij]
quente (adj)	горячий	[gɔrʲátʃij]
amargo (adj)	горький	[górʲkij]
gostoso (adj)	вкусный	[fkúsnij]

cozinhar em água fervente	варить (нсв, пх)	[varítʲ]
preparar (vt)	готовить (нсв, пх)	[gɔtóvitʲ]
fritar (vt)	жарить (нсв, пх)	[ʒáritʲ]
aquecer (vt)	разогревать (нсв, пх)	[razɔgrevátʲ]

salgar (vt)	солить (нсв, пх)	[sɔlítʲ]
apimentar (vt)	перчить (нсв, пх)	[pértʃitʲ], [pertʃítʲ]
ralar (vt)	тереть (нсв, пх)	[terétʲ]
casca (f)	кожура (ж)	[kɔʒurá]
descascar (vt)	чистить (нсв, пх)	[tʃístitʲ]

41. Especiarias

sal (m)	соль (ж)	[sólʲ]
salgado (adj)	солёный	[sɔlǿnij]
salgar (vt)	солить (нсв, пх)	[sɔlítʲ]

pimenta-do-reino (f)	чёрный перец (м)	[tʃórnij péreʦ]
pimenta (f) vermelha	красный перец (м)	[krásnij péreʦ]
mostarda (f)	горчица (ж)	[gɔrtʃíʦa]
raiz-forte (f)	хрен (м)	[hrén]

condimento (m)	приправа (ж)	[pripráva]
especiaria (f)	пряность (ж)	[prʲánɔstʲ]
molho (~ inglês)	соус (м)	[sóus]
vinagre (m)	уксус (м)	[úksus]

anis estrelado (m)	анис (м)	[anís]
manjericão (m)	базилик (м)	[bazilík]
cravo (m)	гвоздика (ж)	[gvɔzdíka]
gengibre (m)	имбирь (м)	[imbírʲ]
coentro (m)	кориандр (м)	[kɔriándr]
canela (f)	корица (ж)	[kɔrítsa]

gergelim (m)	кунжут (м)	[kunʒút]
folha (f) de louro	лавровый лист (м)	[lavróvij líst]
páprica (f)	паприка (ж)	[páprika]
cominho (m)	тмин (м)	[tmín]
açafrão (m)	шафран (м)	[ʃafrán]

42. Refeições

| comida (f) | еда (ж) | [edá] |
| comer (vt) | есть (нсв, н/пх) | [éstʲ] |

café (m) da manhã	завтрак (м)	[záftrak]
tomar café da manhã	завтракать (нсв, нпх)	[záftrakatʲ]
almoço (m)	обед (м)	[ɔbéd]
almoçar (vi)	обедать (нсв, нпх)	[ɔbédatʲ]
jantar (m)	ужин (м)	[úʒin]
jantar (vi)	ужинать (нсв, нпх)	[úʒinatʲ]

| apetite (m) | аппетит (м) | [apetít] |
| Bom apetite! | Приятного аппетита! | [prijátnɔvɔ apetíta] |

abrir (~ uma lata, etc.)	открывать (нсв, пх)	[ɔtkrivátʲ]
derramar (~ líquido)	пролить (св, пх)	[prɔlítʲ]
derramar-se (vr)	пролиться (св, возв)	[prɔlítsa]

ferver (vi)	кипеть (нсв, нпх)	[kipétʲ]
ferver (vt)	кипятить (нсв, пх)	[kipɪtítʲ]
fervido (adj)	кипячёный	[kipɪtʃónij]
esfriar (vt)	охладить (св, пх)	[ɔhladítʲ]
esfriar-se (vr)	охлаждаться (нсв, возв)	[ɔhlaʒdátsa]

| sabor, gosto (m) | вкус (м) | [fkús] |
| fim (m) de boca | привкус (м) | [prífkus] |

emagrecer (vi)	худеть (нсв, нпх)	[hudétʲ]
dieta (f)	диета (ж)	[diéta]
vitamina (f)	витамин (м)	[vitamín]
caloria (f)	калория (ж)	[kalórija]
vegetariano (m)	вегетарианец (м)	[vegetariánets]
vegetariano (adj)	вегетарианский	[vegetariánskij]

gorduras (f pl)	жиры (мн)	[ʒirí]
proteínas (f pl)	белки (мн)	[belkí]
carboidratos (m pl)	углеводы (мн)	[uglevódi]
fatia (~ de limão, etc.)	ломтик (м)	[lómtik]
pedaço (~ de bolo)	кусок (м)	[kusók]
migalha (f), farelo (m)	крошка (ж)	[króʃka]

43. Por a mesa

colher (f)	ложка (ж)	[lóʃka]
faca (f)	нож (м)	[nóʃ]
garfo (m)	вилка (ж)	[vílka]

xícara (f)	чашка (ж)	[ʧáʃka]
prato (m)	тарелка (ж)	[tarélka]
pires (m)	блюдце (c)	[blʲúʦe]
guardanapo (m)	салфетка (ж)	[salfétka]
palito (m)	зубочистка (ж)	[zubɔʧístka]

44. Restaurante

restaurante (m)	ресторан (м)	[restɔrán]
cafeteria (f)	кофейня (ж)	[kɔféjnʲa]
bar (m), cervejaria (f)	бар (м)	[bár]
salão (m) de chá	чайный салон (м)	[ʧájnɨj salón]

garçom (m)	официант (м)	[ɔfiʦiánt]
garçonete (f)	официантка (ж)	[ɔfiʦiántka]
barman (m)	бармен (м)	[bármɛn]

cardápio (m)	меню (c)	[menʲú]
lista (f) de vinhos	карта (ж) вин	[kárta vín]
reservar uma mesa	забронировать столик	[zabrɔnírɔvatʲ stólik]

prato (m)	блюдо (c)	[blʲúdɔ]
pedir (vt)	заказать (cв, пх)	[zakazátʲ]
fazer o pedido	сделать заказ	[zdélatʲ zakás]

aperitivo (m)	аперитив (м)	[aperitíf]
entrada (f)	закуска (ж)	[zakúska]
sobremesa (f)	десерт (м)	[desért]

conta (f)	счёт (м)	[ʃǿt]
pagar a conta	оплатить счёт	[ɔplatítʲ ʃǿt]
dar o troco	дать сдачу	[dátʲ zdáʧu]
gorjeta (f)	чаевые (мн)	[ʧaevĩe]

Família, parentes e amigos

45. Informação pessoal. Formulários

nome (m)	имя (c)	[íma]
sobrenome (m)	фамилия (ж)	[famílija]
data (f) de nascimento	дата (ж) рождения	[dáta rɔʒdénija]
local (m) de nascimento	место (c) рождения	[méstɔ rɔʒdénija]
nacionalidade (f)	национальность (ж)	[natsiɔnálnɔst]
lugar (m) de residência	место (c) жительства	[méstɔ ʒītelstva]
país (m)	страна (ж)	[straná]
profissão (f)	профессия (ж)	[prɔfésija]
sexo (m)	пол (м)	[pól]
estatura (f)	рост (м)	[róst]
peso (m)	вес (м)	[vés]

46. Membros da família. Parentes

mãe (f)	мать (ж)	[mát]
pai (m)	отец (м)	[ɔtéts]
filho (m)	сын (м)	[sīn]
filha (f)	дочь (ж)	[dótʃ]
caçula (f)	младшая дочь (ж)	[mládʃaja dótʃ]
caçula (m)	младший сын (м)	[mládʃij sīn]
filha (f) mais velha	старшая дочь (ж)	[stárʃaja dótʃ]
filho (m) mais velho	старший сын (м)	[stárʃij sīn]
irmão (m)	брат (м)	[brát]
irmã (f)	сестра (ж)	[sestrá]
primo (m)	двоюродный брат (м)	[dvɔjúrɔdnij brát]
prima (f)	двоюродная сестра (ж)	[dvɔjúrɔdnaja sestrá]
mamãe (f)	мама (ж)	[máma]
papai (m)	папа (м)	[pápa]
pais (pl)	родители (мн)	[rodíteli]
criança (f)	ребёнок (м)	[rebǿnɔk]
crianças (f pl)	дети (мн)	[déti]
avó (f)	бабушка (ж)	[bábuʃka]
avô (m)	дедушка (м)	[déduʃka]
neto (m)	внук (м)	[vnúk]
neta (f)	внучка (ж)	[vnútʃka]
netos (pl)	внуки (мн)	[vnúki]
tio (m)	дядя (м)	[dáda]
tia (f)	тётя (ж)	[tǿta]

| sobrinho (m) | племянник (м) | [plemʲánik] |
| sobrinha (f) | племянница (ж) | [plemʲánitsa] |

sogra (f)	тёща (ж)	[tǿʃa]
sogro (m)	свёкор (м)	[svǿkɔr]
genro (m)	зять (м)	[zʲátʲ]
madrasta (f)	мачеха (ж)	[mátʃeha]
padrasto (m)	отчим (м)	[óttʃim]

criança (f) de colo	грудной ребёнок (м)	[grudnój rebǿnɔk]
bebê (m)	младенец (м)	[mladénets]
menino (m)	малыш (м)	[malíʃ]

mulher (f)	жена (ж)	[ʒená]
marido (m)	муж (м)	[múʃ]
esposo (m)	супруг (м)	[suprúg]
esposa (f)	супруга (ж)	[suprúga]

casado (adj)	женатый	[ʒenátij]
casada (adj)	замужняя	[zamúʒnʲaja]
solteiro (adj)	холостой	[hɔlɔstój]
solteirão (m)	холостяк (м)	[hɔlɔstʲák]
divorciado (adj)	разведённый	[razvedǿnnij]
viúva (f)	вдова (ж)	[vdɔvá]
viúvo (m)	вдовец (м)	[vdɔvéts]

parente (m)	родственник (м)	[rótstvenik]
parente (m) próximo	близкий родственник (м)	[blískij rótstvenik]
parente (m) distante	дальний родственник (м)	[dálʲnij rótstvenik]
parentes (m pl)	родные (мн)	[rɔdnǐje]

órfão (m)	сирота (м)	[sirɔtá]
órfã (f)	сирота (ж)	[sirɔtá]
tutor (m)	опекун (м)	[ɔpekún]
adotar (um filho)	усыновить (св, пх)	[usinɔvítʲ]
adotar (uma filha)	удочерить (св, пх)	[udɔtʃerítʲ]

Medicina

doença (f)	болезнь (ж)	[bɔléznʲ]
estar doente	болеть (нсв, нпх)	[bɔlétʲ]
saúde (f)	здоровье (с)	[zdɔróvje]

nariz (m) escorrendo	насморк (м)	[násmɔrk]
amigdalite (f)	ангина (ж)	[angína]
resfriado (m)	простуда (ж)	[prɔstúda]
ficar resfriado	простудиться (св, возв)	[prɔstudítsa]

bronquite (f)	бронхит (м)	[brɔnhít]
pneumonia (f)	воспаление (с) лёгких	[vɔspalénie lǿhkih]
gripe (f)	грипп (м)	[gríp]

míope (adj)	близорукий	[blizɔrúkij]
presbita (adj)	дальнозоркий	[dalʲnɔzórkij]
estrabismo (m)	косоглазие (с)	[kɔsɔglázie]
estrábico, vesgo (adj)	косоглазый	[kɔsɔglázij]
catarata (f)	катаракта (ж)	[katarákta]
glaucoma (m)	глаукома (ж)	[glaukóma]

AVC (m), apoplexia (f)	инсульт (м)	[insúlʲt]
ataque (m) cardíaco	инфаркт (м)	[infárkt]
enfarte (m) do miocárdio	инфаркт (м) миокарда	[infárkt miɔkárda]
paralisia (f)	паралич (м)	[paralítʃ]
paralisar (vt)	парализовать (нсв, пх)	[paralizɔvátʲ]

alergia (f)	аллергия (ж)	[alergíja]
asma (f)	астма (ж)	[ástma]
diabetes (f)	диабет (м)	[diabét]

| dor (f) de dente | зубная боль (ж) | [zubnája bólʲ] |
| cárie (f) | кариес (м) | [káries] |

diarreia (f)	диарея (ж)	[diaréja]
prisão (f) de ventre	запор (м)	[zapór]
desarranjo (m) intestinal	расстройство (с) желудка	[rastrójstvɔ ʒelútka]
intoxicação (f) alimentar	отравление (с)	[ɔtravlénie]
intoxicar-se	отравиться (св, возв)	[ɔtravítsa]

artrite (f)	артрит (м)	[artrít]
raquitismo (m)	рахит (м)	[rahít]
reumatismo (m)	ревматизм (м)	[revmatízm]
arteriosclerose (f)	атеросклероз (м)	[atɛrɔsklerós]

| gastrite (f) | гастрит (м) | [gastrít] |
| apendicite (f) | аппендицит (м) | [apenditsɨ̈t] |

colecistite (f)	холецистит (м)	[hɔleʦsistít]
úlcera (f)	язва (ж)	[jázva]
sarampo (m)	корь (ж)	[kórʲ]
rubéola (f)	краснуха (ж)	[krasnúha]
icterícia (f)	желтуха (ж)	[ʒeltúha]
hepatite (f)	гепатит (м)	[gepatít]
esquizofrenia (f)	шизофрения (ж)	[ʃizɔfreníja]
raiva (f)	бешенство (с)	[béʃɛnstvɔ]
neurose (f)	невроз (м)	[nevrós]
contusão (f) cerebral	сотрясение (с) мозга	[sɔtrɪsénie mózga]
câncer (m)	рак (м)	[rák]
esclerose (f)	склероз (м)	[sklerós]
esclerose (f) múltipla	рассеянный склероз (м)	[rasséɪnnij sklerós]
alcoolismo (m)	алкоголизм (м)	[alkɔgɔlízm]
alcoólico (m)	алкоголик (м)	[alkɔgólik]
sífilis (f)	сифилис (м)	[sífilis]
AIDS (f)	СПИД (м)	[spíd]
tumor (m)	опухоль (ж)	[ópuhɔlʲ]
maligno (adj)	злокачественная	[zlɔkátʃestvenaja]
benigno (adj)	доброкачественная	[dɔbrɔkátʃestvenaja]
febre (f)	лихорадка (ж)	[lihɔrátka]
malária (f)	малярия (ж)	[malîríja]
gangrena (f)	гангрена (ж)	[gangréna]
enjoo (m)	морская болезнь (ж)	[mɔrskája bɔléznʲ]
epilepsia (f)	эпилепсия (ж)	[ɛpilépsija]
epidemia (f)	эпидемия (ж)	[ɛpidémija]
tifo (m)	тиф (м)	[tíf]
tuberculose (f)	туберкулёз (м)	[tuberkuløs]
cólera (f)	холера (ж)	[hɔléra]
peste (f) bubônica	чума (ж)	[tʃʲumá]

48. Sintomas. Tratamentos. Parte 1

sintoma (m)	симптом (м)	[simptóm]
temperatura (f)	температура (ж)	[temperatúra]
febre (f)	высокая температура (ж)	[vɪsókaja temperatúra]
pulso (m)	пульс (м)	[púlʲs]
vertigem (f)	головокружение (с)	[gólɔvɔ·kruʒǽnie]
quente (testa, etc.)	горячий	[gɔrʲátʃij]
calafrio (m)	озноб (м)	[ɔznób]
pálido (adj)	бледный	[blédnij]
tosse (f)	кашель (м)	[káʃɛlʲ]
tossir (vi)	кашлять (нсв, нпх)	[káʃlɪtʲ]
espirrar (vi)	чихать (нсв, нпх)	[tʃʲihátʲ]
desmaio (m)	обморок (м)	[óbmɔrɔk]

desmaiar (vi)	упасть в обморок	[upástʲ v óbmɔrɔk]
mancha (f) preta	синяк (м)	[sinʲák]
galo (m)	шишка (ж)	[ʃíʃka]
machucar-se (vr)	удариться (св, возв)	[udáritsa]
contusão (f)	ушиб (м)	[uʃíb]
machucar-se (vr)	ударить ... (св, пх)	[udáritʲ ...]

mancar (vi)	хромать (нсв, нпх)	[hrɔmátʲ]
deslocamento (f)	вывих (м)	[vīvih]
deslocar (vt)	вывихнуть (св, пх)	[vīvihnutʲ]
fratura (f)	перелом (м)	[perelóm]
fraturar (vt)	получить перелом	[pɔluʧítʲ perelóm]

corte (m)	порез (м)	[pɔrés]
cortar-se (vr)	порезаться (св, возв)	[pɔrézatsa]
hemorragia (f)	кровотечение (с)	[krɔvɔ·teʧénie]

| queimadura (f) | ожог (м) | [ɔʒóg] |
| queimar-se (vr) | обжечься (св, возв) | [ɔbʒǽʧsʲa] |

picar (vt)	уколоть (св, пх)	[ukɔlótʲ]
picar-se (vr)	уколоться (св, возв)	[ukɔlótsa]
lesionar (vt)	повредить (св, пх)	[pɔvredítʲ]
lesão (m)	повреждение (с)	[pɔvreʒdénie]
ferida (f), ferimento (m)	рана (ж)	[rána]
trauma (m)	травма (ж)	[trávma]

delirar (vi)	бредить (нсв, нпх)	[bréditʲ]
gaguejar (vi)	заикаться (нсв, возв)	[zaikátsa]
insolação (f)	солнечный удар (м)	[sólneʧnij udár]

49. Sintomas. Tratamentos. Parte 2

| dor (f) | боль (ж) | [bólʲ] |
| farpa (no dedo, etc.) | заноза (ж) | [zanóza] |

suor (m)	пот (м)	[pót]
suar (vi)	потеть (нсв, нпх)	[pɔtétʲ]
vômito (m)	рвота (ж)	[rvóta]
convulsões (f pl)	судороги (ж мн)	[súdɔrɔgi]

grávida (adj)	беременная	[berémennaja]
nascer (vi)	родиться (св, возв)	[rɔdítsa]
parto (m)	роды (мн)	[ródi]
dar à luz	рожать (нсв, пх)	[rɔʒátʲ]
aborto (m)	аборт (м)	[abórt]

respiração (f)	дыхание (с)	[dihánie]
inspiração (f)	вдох (м)	[vdóh]
expiração (f)	выдох (м)	[vīdoh]
expirar (vi)	выдохнуть (св, пх)	[vīdohnutʲ]
inspirar (vi)	вдыхать (нсв, нпх)	[vdihátʲ]
inválido (m)	инвалид (м)	[invalíd]
aleijado (m)	калека (с)	[kaléka]

drogado (m)	наркоман (м)	[narkɔmán]
surdo (adj)	глухой	[gluhój]
mudo (adj)	немой	[nemój]
surdo-mudo (adj)	глухонемой	[gluhɔ·nemój]

louco, insano (adj)	сумасшедший	[sumaʃǽdʃɛj]
louco (m)	сумасшедший (м)	[sumaʃǽdʃɛj]
louca (f)	сумасшедшая (ж)	[sumaʃǽdʃaja]
ficar louco	сойти с ума	[sɔjtí s umá]

gene (m)	ген (м)	[gén]
imunidade (f)	иммунитет (м)	[imunitét]
hereditário (adj)	наследственный	[naslétstvenij]
congênito (adj)	врождённый	[vrɔʒdǿnij]

vírus (m)	вирус (м)	[vírus]
micróbio (m)	микроб (м)	[mikrób]
bactéria (f)	бактерия (ж)	[baktǽrija]
infecção (f)	инфекция (ж)	[inféktsija]

50. Sintomas. Tratamentos. Parte 3

| hospital (m) | больница (ж) | [bɔlʲnítsa] |
| paciente (m) | пациент (м) | [patsiǽnt] |

diagnóstico (m)	диагноз (м)	[diágnɔs]
cura (f)	лечение (с)	[letʃénie]
tratamento (m) médico	лечение (с)	[letʃénie]
curar-se (vr)	лечиться (нсв, возв)	[letʃítsa]
tratar (vt)	лечить (нсв, пх)	[letʃítʲ]
cuidar (pessoa)	ухаживать (нсв, нпх)	[uháʒivatʲ]
cuidado (m)	уход (м)	[uhód]

operação (f)	операция (ж)	[ɔperátsija]
enfaixar (vt)	перевязать (св, пх)	[perevɪzátʲ]
enfaixamento (m)	перевязка (ж)	[perevʲázka]

vacinação (f)	прививка (ж)	[privífka]
vacinar (vt)	делать прививку	[délatʲ privífku]
injeção (f)	укол (м)	[ukól]
dar uma injeção	делать укол	[délatʲ ukól]

amputação (f)	ампутация (ж)	[amputátsija]
amputar (vt)	ампутировать (н/св, пх)	[amputírovatʲ]
coma (f)	кома (ж)	[kóma]
estar em coma	быть в коме	[bītʲ f kóme]
reanimação (f)	реанимация (ж)	[reanimátsija]

recuperar-se (vr)	выздоравливать (нсв, нпх)	[vizdɔrávlivatʲ]
estado (~ de saúde)	состояние (с)	[sɔstɔjánie]
consciência (perder a ~)	сознание (с)	[sɔznánie]
memória (f)	память (ж)	[pámɪtʲ]
tirar (vt)	удалять (нсв, пх)	[udalʲátʲ]
obturação (f)	пломба (ж)	[plómba]

obturar (vt)	пломбировать (нсв, пх)	[plombirovátʲ]
hipnose (f)	гипноз (м)	[gipnós]
hipnotizar (vt)	гипнотизировать (нсв, пх)	[gipnotizírovatʲ]

51. Médicos

médico (m)	врач (м)	[vrátʃ]
enfermeira (f)	медсестра (ж)	[metsestrá]
médico (m) pessoal	личный врач (м)	[lítʃnij vrátʃ]

dentista (m)	стоматолог (м)	[stomatólog]
oculista (m)	окулист (м)	[okulíst]
terapeuta (m)	терапевт (м)	[terapévt]
cirurgião (m)	хирург (м)	[hirúrg]

psiquiatra (m)	психиатр (м)	[psihiátr]
pediatra (m)	педиатр (м)	[pediátr]
psicólogo (m)	психолог (м)	[psihólog]
ginecologista (m)	гинеколог (м)	[ginekólog]
cardiologista (m)	кардиолог (м)	[kardiólog]

52. Medicina. Drogas. Acessórios

medicamento (m)	лекарство (с)	[lekárstvo]
remédio (m)	средство (с)	[srétstvo]
receitar (vt)	прописать (нсв, пх)	[propisátʲ]
receita (f)	рецепт (м)	[retsæpt]

comprimido (m)	таблетка (ж)	[tablétka]
unguento (m)	мазь (ж)	[másʲ]
ampola (f)	ампула (ж)	[ámpula]
solução, preparado (m)	микстура (ж)	[mikstúra]
xarope (m)	сироп (м)	[siróp]
cápsula (f)	пилюля (ж)	[pilʲúlʲa]
pó (m)	порошок (м)	[poroʃók]

atadura (f)	бинт (м)	[bínt]
algodão (m)	вата (ж)	[váta]
iodo (m)	йод (м)	[jód]
curativo (m) adesivo	лейкопластырь (м)	[lejkoplástirʲ]
conta-gotas (m)	пипетка (ж)	[pipétka]
termômetro (m)	градусник (м)	[grádusnik]
seringa (f)	шприц (м)	[ʃpríts]

| cadeira (f) de rodas | коляска (ж) | [kolʲáska] |
| muletas (f pl) | костыли (м мн) | [kostilí] |

analgésico (m)	обезболивающее (с)	[obezbólivajuʃee]
laxante (m)	слабительное (с)	[slabítelʲnoe]
álcool (m)	спирт (м)	[spírt]
ervas (f pl) medicinais	трава (ж)	[travá]
de ervas (chá ~)	травяной	[travınój]

HABITAT HUMANO

Cidade

cidade (f)	город (м)	[górɔd]
capital (f)	столица (ж)	[stɔlítsa]
aldeia (f)	деревня (ж)	[derévnʲa]
mapa (m) da cidade	план (м) города	[plán górɔda]
centro (m) da cidade	центр (м) города	[ʦǽntr górɔda]
subúrbio (m)	пригород (м)	[prígɔrɔd]
suburbano (adj)	пригородный	[prígɔrɔdnij]
periferia (f)	окраина (ж)	[ɔkráina]
arredores (m pl)	окрестности (ж мн)	[ɔkrésnɔsti]
quarteirão (m)	квартал (м)	[kvartál]
quarteirão (m) residencial	жилой квартал (м)	[ʒiɫój kvartál]
tráfego (m)	движение (с)	[dviʒǽnie]
semáforo (m)	светофор (м)	[svetɔfór]
transporte (m) público	городской транспорт (м)	[gɔrɔtskój tránspɔrt]
cruzamento (m)	перекрёсток (м)	[perekrǿstɔk]
faixa (f)	переход (м)	[perehód]
túnel (m) subterrâneo	подземный переход (м)	[pɔdzémnij perehód]
cruzar, atravessar (vt)	переходить (нсв, н/пх)	[perehɔdítʲ]
pedestre (m)	пешеход (м)	[peʃɛhód]
calçada (f)	тротуар (м)	[trɔtuár]
ponte (f)	мост (м)	[móst]
margem (f) do rio	набережная (ж)	[nábereʒnaja]
fonte (f)	фонтан (м)	[fɔntán]
alameda (f)	аллея (ж)	[aléja]
parque (m)	парк (м)	[párk]
bulevar (m)	бульвар (м)	[bulʲvár]
praça (f)	площадь (ж)	[plóʃatʲ]
avenida (f)	проспект (м)	[prɔspékt]
rua (f)	улица (ж)	[úliʦa]
travessa (f)	переулок (м)	[pereúlɔk]
beco (m) sem saída	тупик (м)	[tupík]
casa (f)	дом (м)	[dóm]
edifício, prédio (m)	здание (с)	[zdánie]
arranha-céu (m)	небоскрёб (м)	[nebɔskrǿb]
fachada (f)	фасад (м)	[fasád]
telhado (m)	крыша (ж)	[krɨʃa]

janela (f)	окно (c)	[ɔknó]
arco (m)	арка (ж)	[árka]
coluna (f)	колонна (ж)	[kɔlóna]
esquina (f)	угол (м)	[úgɔl]

vitrine (f)	витрина (ж)	[vitrína]
letreiro (m)	вывеска (ж)	[vīveska]
cartaz (do filme, etc.)	афиша (ж)	[afíʃa]
cartaz (m) publicitário	рекламный плакат (м)	[reklámnij plakát]
painel (m) publicitário	рекламный щит (м)	[reklámnij ʃít]

lixo (m)	мусор (м)	[músɔr]
lata (f) de lixo	урна (ж)	[úrna]
jogar lixo na rua	сорить (нсв, нпх)	[sɔrítʲ]
aterro (m) sanitário	свалка (ж)	[sválka]

orelhão (m)	телефонная будка (ж)	[telefónnaja bútka]
poste (m) de luz	фонарный столб (м)	[fɔnárnij stólb]
banco (m)	скамейка (ж)	[skaméjka]

polícia (m)	полицейский (м)	[pɔlitsǽjskij]
polícia (instituição)	полиция (ж)	[pɔlítsija]
mendigo, pedinte (m)	нищий (м)	[níʃij]
desabrigado (m)	бездомный (м)	[bezdómnij]

54. Instituições urbanas

loja (f)	магазин (м)	[magazín]
drogaria (f)	аптека (ж)	[aptéka]
ótica (f)	оптика (ж)	[óptika]
centro (m) comercial	торговый центр (м)	[tɔrgóvij tsǽntr]
supermercado (m)	супермаркет (м)	[supermárket]

padaria (f)	булочная (ж)	[búlɔtʃnaja]
padeiro (m)	пекарь (м)	[pékarʲ]
pastelaria (f)	кондитерская (ж)	[kɔndíterskaja]
mercearia (f)	продуктовый магазин (м)	[prɔduktóvij magazín]
açougue (m)	мясная лавка (ж)	[mɪsnája láfka]

fruteira (f)	овощная лавка (ж)	[ɔvɔʃnája láfka]
mercado (m)	рынок (м)	[rīnɔk]

cafeteria (f)	кафе (c)	[kafǽ]
restaurante (m)	ресторан (м)	[restɔrán]
bar (m)	пивная (ж)	[pivnája]
pizzaria (f)	пиццерия (ж)	[pitsǽrija], [pitsɛríja]

salão (m) de cabeleireiro	парикмахерская (ж)	[parihmáherskaja]
agência (f) dos correios	почта (ж)	[pótʃta]
lavanderia (f)	химчистка (ж)	[himtʃístka]
estúdio (m) fotográfico	фотоателье (c)	[fotɔ·atɛljé]

sapataria (f)	обувной магазин (м)	[ɔbuvnój magazín]
livraria (f)	книжный магазин (м)	[kníʒnij magazín]

loja (f) de artigos esportivos | спортивный магазин (м) | [sportívnij magazín]
costureira (m) | ремонт (м) одежды | [remónt odéʒdi]
aluguel (m) de roupa | прокат (м) одежды | [prokát odéʒdi]
videolocadora (f) | прокат (м) фильмов | [prokát fílʲmof]

circo (m) | цирк (м) | [tsɨrk]
jardim (m) zoológico | зоопарк (м) | [zoopárk]
cinema (m) | кинотеатр (м) | [kinoteátr]
museu (m) | музей (м) | [muzéj]
biblioteca (f) | библиотека (ж) | [bibliotéka]

teatro (m) | театр (м) | [teátr]
ópera (f) | опера (ж) | [ópera]
boate (casa noturna) | ночной клуб (м) | [notʃnój klúb]
cassino (m) | казино (c) | [kazinó]

mesquita (f) | мечеть (ж) | [metʃétʲ]
sinagoga (f) | синагога (ж) | [sinagóga]
catedral (f) | собор (м) | [sobór]
templo (m) | храм (м) | [hrám]
igreja (f) | церковь (ж) | [tsǽrkofʲ]

faculdade (f) | институт (м) | [institút]
universidade (f) | университет (м) | [universitét]
escola (f) | школа (ж) | [ʃkóla]

prefeitura (f) | префектура (ж) | [prefektúra]
câmara (f) municipal | мэрия (ж) | [mǽrija]
hotel (m) | гостиница (ж) | [gostínitsa]
banco (m) | банк (м) | [bánk]

embaixada (f) | посольство (c) | [posólʲstvo]
agência (f) de viagens | турагентство (c) | [tur·agénstvo]
agência (f) de informações | справочное бюро (c) | [správotʃnoe bʲuró]
casa (f) de câmbio | обменный пункт (м) | [obménnij púnkt]

metrô (m) | метро (c) | [metró]
hospital (m) | больница (ж) | [bolʲnítsa]

posto (m) de gasolina | автозаправка (ж) | [afto·zaráfka]
parque (m) de estacionamento | стоянка (ж) | [stojánka]

55. Sinais

letreiro (m) | вывеска (ж) | [vɨveska]
aviso (m) | надпись (ж) | [nátpisʲ]
cartaz, pôster (m) | плакат, постер (м) | [plakát], [póstɛr]
placa (f) de direção | указатель (м) | [ukazátelʲ]
seta (f) | стрелка (ж) | [strélka]

aviso (advertência) | предостережение (c) | [predosotereʒǽnie]
sinal (m) de aviso | предупреждение (c) | [predupreʒdénie]
avisar, advertir (vt) | предупредить (св, пх) | [predupredítʲ]
dia (m) de folga | выходной день (м) | [vihodnój dénʲ]

| horário (~ dos trens, etc.) | расписание (c) | [raspisánie] |
| horário (m) | часы (мн) работы | [tʃasī rabóti] |

BEM-VINDOS!	ДОБРО ПОЖАЛОВАТЬ!	[dɔbró pɔʒálovatʲ]
ENTRADA	ВХОД	[fhód]
SAÍDA	ВЫХОД	[vīhɔd]

EMPURRE	ОТ СЕБЯ	[ɔt sebʲá]
PUXE	НА СЕБЯ	[na sebʲá]
ABERTO	ОТКРЫТО	[ɔtkrītɔ]
FECHADO	ЗАКРЫТО	[zakrītɔ]

| MULHER | ДЛЯ ЖЕНЩИН | [dlʲa ʒǽnʃin] |
| HOMEM | ДЛЯ МУЖЧИН | [dlʲa muʃín] |

DESCONTOS	СКИДКИ	[skítki]
SALDOS, PROMOÇÃO	РАСПРОДАЖА	[rasprɔdáʒa]
NOVIDADE!	НОВИНКА!	[nɔvínka]
GRÁTIS	БЕСПЛАТНО	[besplátnɔ]

ATENÇÃO!	ВНИМАНИЕ!	[vnimánie]
NÃO HÁ VAGAS	МЕСТ НЕТ	[mést nét]
RESERVADO	ЗАРЕЗЕРВИРОВАНО	[zarezervírovanɔ]

ADMINISTRAÇÃO	АДМИНИСТРАЦИЯ	[administrátsija]
SOMENTE PESSOAL	ТОЛЬКО	[tólʲkɔ
AUTORIZADO	ДЛЯ ПЕРСОНАЛА	dlʲa persɔnála]

CUIDADO CÃO FEROZ	ЗЛАЯ СОБАКА	[zlája sɔbáka]
PROIBIDO FUMAR!	НЕ КУРИТЬ!	[ne kurítʲ]
NÃO TOCAR	РУКАМИ НЕ ТРОГАТЬ!	[rukámi ne trógatʲ]

PERIGOSO	ОПАСНО	[ɔpásnɔ]
PERIGO	ОПАСНОСТЬ	[ɔpásnɔstʲ]
ALTA TENSÃO	ВЫСОКОЕ НАПРЯЖЕНИЕ	[visókɔe naprɪʒǽnie]
PROIBIDO NADAR	КУПАТЬСЯ ЗАПРЕЩЕНО	[kupátsa zapreʃenó]
COM DEFEITO	НЕ РАБОТАЕТ	[ne rabótaet]

INFLAMÁVEL	ОГНЕОПАСНО	[ɔgneɔpásnɔ]
PROIBIDO	ЗАПРЕЩЕНО	[zapreʃenó]
ENTRADA PROIBIDA	ПРОХОД ЗАПРЕЩЁН	[prɔhót zapreʃǿn]
CUIDADO TINTA FRESCA	ОКРАШЕНО	[ɔkráʃɛnɔ]

56. Transportes urbanos

ônibus (m)	автобус (м)	[aftóbus]
bonde (m) elétrico	трамвай (м)	[tramváj]
trólebus (m)	троллейбус (м)	[trɔléjbus]
rota (f), itinerário (m)	маршрут (м)	[marʃrút]
número (m)	номер (м)	[nómer]

ir de ... (carro, etc.)	ехать на ... (нсв)	[éhatʲ na ...]
entrar no ...	сесть на ... (св)	[séstʲ na ...]
descer do ...	сойти с ... (св)	[sɔjtí s ...]

parada (f)	остановка (ж)	[ɔstanófka]
próxima parada (f)	следующая остановка (ж)	[sléduʃaja ɔstanófka]
terminal (m)	конечная остановка (ж)	[kɔnétʃnaja ɔstanófka]
horário (m)	расписание (с)	[raspisánie]
esperar (vt)	ждать (нсв, пх)	[ʒdátʲ]

| passagem (f) | билет (м) | [bilét] |
| tarifa (f) | стоимость (ж) билета | [stóimɔstʲ biléta] |

bilheteiro (m)	кассир (м)	[kassír]
controle (m) de passagens	контроль (м)	[kɔntrólʲ]
revisor (m)	контролёр (м)	[kɔntrɔlǿr]

atrasar-se (vr)	опаздывать на ... (нсв, нпх)	[ɔpázdivatʲ na ...]
perder (o autocarro, etc.)	опоздать на ... (св, нпх)	[ɔpozdátʲ na ...]
estar com pressa	спешить (нсв, нпх)	[speʃítʲ]

táxi (m)	такси (с)	[taksí]
taxista (m)	таксист (м)	[taksíst]
de táxi (ir ~)	на такси	[na taksí]
ponto (m) de táxis	стоянка (ж) такси	[stɔjánka taksí]
chamar um táxi	вызвать такси	[vízvatʲ taksí]
pegar um táxi	взять такси	[vzʲátʲ taksí]

tráfego (m)	уличное движение (с)	[úlitʃnɔe dviʒǽnie]
engarrafamento (m)	пробка (ж)	[própka]
horas (f pl) de pico	часы пик (м)	[tʃasī pík]
estacionar (vi)	парковаться (нсв, возв)	[parkɔvátsa]
estacionar (vt)	парковать (нсв, пх)	[parkɔvátʲ]
parque (m) de estacionamento	стоянка (ж)	[stɔjánka]

metrô (m)	метро (с)	[metró]
estação (f)	станция (ж)	[stántsija]
ir de metrô	ехать на метро	[éhatʲ na metró]
trem (m)	поезд (м)	[póezd]
estação (f) de trem	вокзал (м)	[vɔkzál]

57. Turismo

monumento (m)	памятник (м)	[pámɪtnik]
fortaleza (f)	крепость (ж)	[krépɔstʲ]
palácio (m)	дворец (м)	[dvɔréts]
castelo (m)	замок (м)	[zámɔk]
torre (f)	башня (ж)	[báʃnʲa]
mausoléu (m)	мавзолей (м)	[mavzɔléj]

arquitetura (f)	архитектура (ж)	[arhitektúra]
medieval (adj)	средневековый	[srednevekóvij]
antigo (adj)	старинный	[starínnij]
nacional (adj)	национальный	[natsiɔnálʲnij]
famoso, conhecido (adj)	известный	[izvésnij]

| turista (m) | турист (м) | [turíst] |
| guia (pessoa) | гид (м) | [gíd] |

excursão (f)	экскурсия (ж)	[ɛkskúrsija]
mostrar (vt)	показывать (нсв, пх)	[pɔkázivatʲ]
contar (vt)	рассказывать (нсв, пх)	[raskázivatʲ]

encontrar (vt)	найти (св, пх)	[najtí]
perder-se (vr)	потеряться (св, возв)	[pɔterʲátsa]
mapa (~ do metrô)	схема (ж)	[sxéma]
mapa (~ da cidade)	план (м)	[plán]

lembrança (f), presente (m)	сувенир (м)	[suvenír]
loja (f) de presentes	магазин (м) сувениров	[magazín suvenírɔf]
tirar fotos, fotografar	фотографировать (нсв, пх)	[fɔtɔgrafírɔvatʲ]
fotografar-se (vr)	фотографироваться (нсв, возв)	[fɔtɔgrafírɔvatsa]

58. Compras

comprar (vt)	покупать (нсв, пх)	[pɔkupátʲ]
compra (f)	покупка (ж)	[pɔkúpka]
fazer compras	делать покупки	[délatʲ pɔkúpki]
compras (f pl)	шоппинг (м)	[ʃóping]

| estar aberta (loja) | работать (нсв, нпх) | [rabótatʲ] |
| estar fechada | закрыться (св, возв) | [zakrítsa] |

calçado (m)	обувь (ж)	[óbufʲ]
roupa (f)	одежда (ж)	[ɔdéʒda]
cosméticos (m pl)	косметика (ж)	[kɔsmétika]
alimentos (m pl)	продукты (мн)	[prɔdúkti]
presente (m)	подарок (м)	[pɔdárɔk]

| vendedor (m) | продавец (м) | [prɔdavéts] |
| vendedora (f) | продавщица (ж) | [prɔdafʃítsa] |

caixa (f)	касса (ж)	[kássa]
espelho (m)	зеркало (с)	[zérkalɔ]
balcão (m)	прилавок (м)	[prilávɔk]
provador (m)	примерочная (ж)	[primérɔtʃnaja]

provar (vt)	примерить (св, пх)	[priméritʲ]
servir (roupa, caber)	подходить (нсв, нпх)	[pɔtxɔdítʲ]
gostar (apreciar)	нравиться (нсв, возв)	[nrávitsa]

preço (m)	цена (ж)	[tsɛná]
etiqueta (f) de preço	ценник (м)	[tsǽnnik]
custar (vt)	стоить (нсв, пх)	[stóitʲ]
Quanto?	Сколько?	[skólʲkɔ?]
desconto (m)	скидка (ж)	[skítka]

não caro (adj)	недорогой	[nedɔrɔgój]
barato (adj)	дешёвый	[deʃóvij]
caro (adj)	дорогой	[dɔrɔgój]
É caro	Это дорого.	[ǽtɔ dórɔgɔ]
aluguel (m)	прокат (м)	[prɔkát]

alugar (roupas, etc.)	взять напрокат	[vzʲátʲ naprɔkát]
crédito (m)	кредит (м)	[kredít]
a crédito	в кредит	[f kredít]

59. Dinheiro

dinheiro (m)	деньги (мн)	[dénʲgi]
câmbio (m)	обмен (м)	[ɔbmén]
taxa (f) de câmbio	курс (м)	[kúrs]
caixa (m) eletrônico	банкомат (м)	[bankɔmát]
moeda (f)	монета (ж)	[mɔnéta]

| dólar (m) | доллар (м) | [dólar] |
| euro (m) | евро (с) | [évrɔ] |

lira (f)	лира (ж)	[líra]
marco (m)	марка (ж)	[márka]
franco (m)	франк (м)	[fránk]
libra (f) esterlina	фунт стерлингов (м)	[fúnt stérlingɔf]
iene (m)	йена (ж)	[jéna]

dívida (f)	долг (м)	[dólg]
devedor (m)	должник (м)	[dɔlʒník]
emprestar (vt)	дать в долг	[dátʲ v dólg]
pedir emprestado	взять в долг	[vzʲátʲ v dólg]

banco (m)	банк (м)	[bánk]
conta (f)	счёт (м)	[ʃɵ́t]
depositar (vt)	положить (св, пх)	[pɔlɔʒītʲ]
depositar na conta	положить на счёт	[pɔlɔʒītʲ na ʃɵ́t]
sacar (vt)	снять со счёта	[snʲátʲ sɔ ʃɵ́ta]

cartão (m) de crédito	кредитная карта (ж)	[kredítnaja kárta]
dinheiro (m) vivo	наличные деньги (мн)	[nalítʃnie dénʲgi]
cheque (m)	чек (м)	[tʃék]
passar um cheque	выписать чек	[vīpisatʲ tʃék]
talão (m) de cheques	чековая книжка (ж)	[tʃékɔvaja kníʃka]

carteira (f)	бумажник (м)	[bumáʒnik]
niqueleira (f)	кошелёк (м)	[kɔʃɛlɵ́k]
cofre (m)	сейф (м)	[séjf]

herdeiro (m)	наследник (м)	[naslédnik]
herança (f)	наследство (с)	[naslétstvɔ]
fortuna (riqueza)	состояние (с)	[sɔstɔjánie]

arrendamento (m)	аренда (ж)	[arénda]
aluguel (pagar o ~)	квартирная плата (ж)	[kvartírnaja pláta]
alugar (vt)	снимать (нсв, пх)	[snimátʲ]

preço (m)	цена (ж)	[tsɛná]
custo (m)	стоимость (ж)	[stóimɔstʲ]
soma (f)	сумма (ж)	[súmma]
gastar (vt)	тратить (нсв, пх)	[trátitʲ]

gastos (m pl)	расходы (мн)	[rasxódi]
economizar (vi)	экономить (нсв, н/пх)	[ɛkɔnómitʲ]
econômico (adj)	экономный	[ɛkɔnómnij]

pagar (vt)	платить (нсв, н/пх)	[platítʲ]
pagamento (m)	оплата (ж)	[ɔpláta]
troco (m)	сдача (ж)	[zdátʃa]

imposto (m)	налог (м)	[nalóg]
multa (f)	штраф (м)	[ʃtráf]
multar (vt)	штрафовать (нсв, пх)	[ʃtrafɔvátʲ]

60. Correios. Serviço postal

agência (f) dos correios	почта (ж)	[pótʃta]
correio (m)	почта (ж)	[pótʃta]
carteiro (m)	почтальон (м)	[pɔtʃtaljón]
horário (m)	часы (мн) работы	[tʃasī rabóti]

carta (f)	письмо (с)	[pisʲmó]
carta (f) registada	заказное письмо (с)	[zakaznóe pisʲmó]
cartão (m) postal	открытка (ж)	[ɔtkrītka]
telegrama (m)	телеграмма (ж)	[telegráma]
encomenda (f)	посылка (ж)	[pɔsīlka]
transferência (f) de dinheiro	денежный перевод (м)	[dénɛʒnij perevód]

receber (vt)	получить (св, пх)	[pɔlutʃítʲ]
enviar (vt)	отправить (св, пх)	[ɔtprávitʲ]
envio (m)	отправка (ж)	[ɔtpráfka]

endereço (m)	адрес (м)	[ádres]
código (m) postal	индекс (м)	[índɛks]
remetente (m)	отправитель (м)	[ɔtpravítelʲ]
destinatário (m)	получатель (м)	[pɔlutʃátelʲ]

| nome (m) | имя (с) | [ímʲa] |
| sobrenome (m) | фамилия (ж) | [famílija] |

tarifa (f)	тариф (м)	[taríf]
ordinário (adj)	обычный	[ɔbītʃnij]
econômico (adj)	экономичный	[ɛkɔnɔmítʃnij]

peso (m)	вес (м)	[vés]
pesar (estabelecer o peso)	взвешивать (нсв, пх)	[vzvéʃivatʲ]
envelope (m)	конверт (м)	[kɔnvért]
selo (m) postal	марка (ж)	[márka]
colar o selo	наклеивать марку	[nakléivatʲ márku]

Moradia. Casa. Lar

61. Casa. Eletricidade

eletricidade (f)	электричество (c)	[ɛlektríʧestvɔ]
lâmpada (f)	лампочка (ж)	[lámpɔʧka]
interruptor (m)	выключатель (м)	[viklʲuʧátelʲ]
fusível, disjuntor (m)	пробка (ж)	[própka]
fio, cabo (m)	провод (м)	[próvɔd]
instalação (f) elétrica	проводка (ж)	[prɔvótka]
medidor (m) de eletricidade	счётчик (м)	[ʃǿtʧik]
indicação (f), registro (m)	показание (c)	[pɔkazánie]

62. Moradia. Mansão

casa (f) de campo	загородный дом (м)	[zágɔrɔdnij dɔm]
vila (f)	вилла (ж)	[vílla]
ala (~ do edifício)	крыло (c)	[kriłó]
jardim (m)	сад (м)	[sád]
parque (m)	парк (м)	[párk]
estufa (f)	оранжерея (ж)	[ɔranʒeréja]
cuidar de ...	ухаживать (нсв, нпх)	[uháʒivatʲ]
piscina (f)	бассейн (м)	[basǽjn]
academia (f) de ginástica	тренажёрный зал (м)	[trenaʒórnij zál]
quadra (f) de tênis	теннисный корт (м)	[tǽnisnij kórt]
cinema (m)	кинотеатр (м)	[kinɔteátr]
garagem (f)	гараж (м)	[garáʃ]
propriedade (f) privada	частная собственность (ж)	[ʧásnaja sópstvenɔstʲ]
terreno (m) privado	частные владения (с мн)	[ʧásnie vladénija]
advertência (f)	предупреждение (c)	[predupreʒdénie]
sinal (m) de aviso	предупреждающая надпись (ж)	[predupreʒdájuʃaja nátpisʲ]
guarda (f)	охрана (ж)	[ɔhrána]
guarda (m)	охранник (м)	[ɔhránnik]
alarme (m)	сигнализация (ж)	[signalizátsija]

63. Apartamento

apartamento (m)	квартира (ж)	[kvartíra]
quarto, cômodo (m)	комната (ж)	[kómnata]

quarto (m) de dormir	спальня (ж)	[spálʲnʲa]
sala (f) de jantar	столовая (ж)	[stɔlóvaja]
sala (f) de estar	гостиная (ж)	[gɔstínaja]
escritório (m)	кабинет (м)	[kabinét]

sala (f) de entrada	прихожая (ж)	[prihóʒaja]
banheiro (m)	ванная комната (ж)	[vánnaja kómnata]
lavabo (m)	туалет (м)	[tualét]

teto (m)	потолок (м)	[pɔtɔlók]
chão, piso (m)	пол (м)	[pól]
canto (m)	угол (м)	[úgɔl]

64. Mobiliário. Interior

mobiliário (m)	мебель (ж)	[mébelʲ]
mesa (f)	стол (м)	[stól]
cadeira (f)	стул (м)	[stúl]
cama (f)	кровать (ж)	[krɔvátʲ]
sofá, divã (m)	диван (м)	[diván]
poltrona (f)	кресло (с)	[kréslɔ]

| estante (f) | книжный шкаф (м) | [kníʒnij ʃkáf] |
| prateleira (f) | полка (ж) | [pólka] |

guarda-roupas (m)	гардероб (м)	[garderób]
cabide (m) de parede	вешалка (ж)	[véʃəlka]
cabideiro (m) de pé	вешалка (ж)	[véʃəlka]

| cômoda (f) | комод (м) | [kɔmód] |
| mesinha (f) de centro | журнальный столик (м) | [ʒurnálʲnij stólik] |

espelho (m)	зеркало (с)	[zérkalɔ]
tapete (m)	ковёр (м)	[kɔvǿr]
tapete (m) pequeno	коврик (м)	[kóvrik]

lareira (f)	камин (м)	[kamín]
vela (f)	свеча (ж)	[svetʃá]
castiçal (m)	подсвечник (м)	[pɔtsvétʃnik]

cortinas (f pl)	шторы (ж мн)	[ʃtóri]
papel (m) de parede	обои (мн)	[ɔbói]
persianas (f pl)	жалюзи (мн)	[ʒalʲuzí]

| luminária (f) de mesa | настольная лампа (ж) | [nastólʲnaja lámpa] |
| luminária (f) de parede | светильник (м) | [svetílʲnik] |

| abajur (m) de pé | торшер (м) | [tɔrʃǽr] |
| lustre (m) | люстра (ж) | [lʲústra] |

pé (de mesa, etc.)	ножка (ж)	[nóʃka]
braço, descanso (m)	подлокотник (м)	[pɔdlɔkótnik]
costas (f pl)	спинка (ж)	[spínka]
gaveta (f)	ящик (м)	[jáʃʲik]

65. Quarto de dormir

roupa (f) de cama	постельное бельё (c)	[pɔstélʲnɔe beljǿ]
travesseiro (m)	подушка (ж)	[pɔdúʃka]
fronha (f)	наволочка (ж)	[návɔlɔtʃka]
cobertor (m)	одеяло (c)	[ɔdejálɔ]
lençol (m)	простыня (ж)	[prɔstinʲá]
colcha (f)	покрывало (c)	[pɔkriválɔ]

66. Cozinha

cozinha (f)	кухня (ж)	[kúhnʲa]
gás (m)	газ (м)	[gás]
fogão (m) a gás	газовая плита (ж)	[gázɔvaja plitá]
fogão (m) elétrico	электроплита (ж)	[ɛléktrɔ·plitá]
forno (m)	духовка (ж)	[duhófka]
forno (m) de micro-ondas	микроволновая печь (ж)	[mikrɔ·vɔlnóvaja pétʃʲ]
geladeira (f)	холодильник (м)	[hɔlɔdílʲnik]
congelador (m)	морозильник (м)	[mɔrɔzílʲnik]
máquina (f) de lavar louça	посудомоечная машина (ж)	[pɔsúdɔ·móetʃnaja maʃína]
moedor (m) de carne	мясорубка (ж)	[mɪsɔrúpka]
espremedor (m)	соковыжималка (ж)	[sɔkɔ·viʒimálka]
torradeira (f)	тостер (м)	[tóstɛr]
batedeira (f)	миксер (м)	[míkser]
máquina (f) de café	кофеварка (ж)	[kɔfevárka]
cafeteira (f)	кофейник (м)	[kɔféjnik]
moedor (m) de café	кофемолка (ж)	[kɔfemólka]
chaleira (f)	чайник (м)	[tʃájnik]
bule (m)	чайник (м)	[tʃájnik]
tampa (f)	крышка (ж)	[krɨ́ʃka]
coador (m) de chá	ситечко (c)	[sítetʃkɔ]
colher (f)	ложка (ж)	[lóʃka]
colher (f) de chá	чайная ложка (ж)	[tʃájnaja lóʃka]
colher (f) de sopa	столовая ложка (ж)	[stɔlóvaja lóʃka]
garfo (m)	вилка (ж)	[vílka]
faca (f)	нож (м)	[nóʃ]
louça (f)	посуда (ж)	[pɔsúda]
prato (m)	тарелка (ж)	[tarélka]
pires (m)	блюдце (c)	[blʲútse]
cálice (m)	рюмка (ж)	[rʲúmka]
copo (m)	стакан (м)	[stakán]
xícara (f)	чашка (ж)	[tʃáʃka]
açucareiro (m)	сахарница (ж)	[sáharnitsa]
saleiro (m)	солонка (ж)	[sɔlónka]
pimenteiro (m)	перечница (ж)	[péretʃnitsa]

manteigueira (f)	маслёнка (ж)	[maslǿnka]
panela (f)	кастрюля (ж)	[kastrʲúlʲa]
frigideira (f)	сковородка (ж)	[skɔvɔrótka]
concha (f)	половник (м)	[pɔlóvnik]
coador (m)	дуршлаг (м)	[durʃlág]
bandeja (f)	поднос (м)	[pɔdnós]

garrafa (f)	бутылка (ж)	[butĩlka]
pote (m) de vidro	банка (ж)	[bánka]
lata (~ de cerveja)	банка (ж)	[bánka]

abridor (m) de garrafa	открывалка (ж)	[ɔtkriválka]
abridor (m) de latas	открывалка (ж)	[ɔtkriválka]
saca-rolhas (m)	штопор (м)	[ʃtópɔr]
filtro (m)	фильтр (м)	[fílʲtr]
filtrar (vt)	фильтровать (нсв, пх)	[filʲtrɔvátʲ]

| lixo (m) | мусор (м) | [músɔr] |
| lixeira (f) | мусорное ведро (с) | [músɔrnɔe vedró] |

67. Casa de banho

banheiro (m)	ванная комната (ж)	[vánnaja kómnata]
água (f)	вода (ж)	[vɔdá]
torneira (f)	кран (м)	[krán]
água (f) quente	горячая вода (ж)	[gɔrʲátʃaja vɔdá]
água (f) fria	холодная вода (ж)	[hɔlódnaja vɔdá]

pasta (f) de dente	зубная паста (ж)	[zubnája pásta]
escovar os dentes	чистить зубы	[tʃístitʲ zúbi]
escova (f) de dente	зубная щётка (ж)	[zubnája ʃǿtka]

barbear-se (vr)	бриться (нсв, возв)	[brítsa]
espuma (f) de barbear	пена (ж) для бритья	[péna dlʲa britjá]
gilete (f)	бритва (ж)	[brítva]

lavar (vt)	мыть (нсв, пх)	[mĩtʲ]
tomar banho	мыться (нсв, возв)	[mĩtsa]
chuveiro (m), ducha (f)	душ (м)	[dúʃ]
tomar uma ducha	принимать душ	[prinimátʲ dúʃ]

banheira (f)	ванна (ж)	[vánna]
vaso (m) sanitário	унитаз (м)	[unitás]
pia (f)	раковина (ж)	[rákɔvina]

| sabonete (m) | мыло (с) | [mĩlɔ] |
| saboneteira (f) | мыльница (ж) | [mĩlʲnitsa] |

esponja (f)	губка (ж)	[gúpka]
xampu (m)	шампунь (м)	[ʃampúnʲ]
toalha (f)	полотенце (с)	[pɔlɔténtse]
roupão (m) de banho	халат (м)	[ħalát]
lavagem (f)	стирка (ж)	[stírka]
lavadora (f) de roupas	стиральная машина (ж)	[stirálʲnaja maʃina]

| lavar a roupa | стирать бельё | [stirátʲ beljǿ] |
| detergente (m) | стиральный порошок (m) | [stirálʲnij pɔrɔʃók] |

68. Eletrodomésticos

televisor (m)	телевизор (m)	[televízɔr]
gravador (m)	магнитофон (m)	[magnitɔfón]
videogravador (m)	видеомагнитофон (m)	[vídeɔ·magnitɔfón]
rádio (m)	приёмник (m)	[prijómnik]
leitor (m)	плеер (m)	[plǽjer]

projetor (m)	видеопроектор (m)	[vídeɔ·prɔǽktɔr]
cinema (m) em casa	домашний кинотеатр (m)	[dɔmáʃnij kinɔteátr]
DVD Player (m)	DVD проигрыватель (m)	[di·vi·dí prɔígrivatelʲ]
amplificador (m)	усилитель (m)	[usilítelʲ]
console (f) de jogos	игровая приставка (ж)	[igrɔvája pristáfka]

câmera (f) de vídeo	видеокамера (ж)	[vídeɔ·kámera]
máquina (f) fotográfica	фотоаппарат (m)	[fɔtɔ·aparát]
câmera (f) digital	цифровой фотоаппарат (m)	[tsifrɔvój fɔtɔaparát]

aspirador (m)	пылесос (m)	[pilesós]
ferro (m) de passar	утюг (m)	[utʲúg]
tábua (f) de passar	гладильная доска (ж)	[gladílʲnaja dɔská]

telefone (m)	телефон (m)	[telefón]
celular (m)	мобильный телефон (m)	[mɔbílʲnij telefón]
máquina (f) de costura	швейная машинка (ж)	[ʃvejnaja maʃínka]

microfone (m)	микрофон (m)	[mikrɔfón]
fone (m) de ouvido	наушники (m mн)	[naúʃniki]
controle remoto (m)	пульт (m)	[púlʲt]

CD (m)	компакт-диск (m)	[kɔmpákt-dísk]
fita (f) cassete	кассета (ж)	[kaséta]
disco (m) de vinil	пластинка (ж)	[plastínka]

ATIVIDADES HUMANAS

Emprego. Negócios. Parte 1

69. Escritório. O trabalho no escritório

escritório (~ de advogados)	офис (м)	[ófis]
escritório (do diretor, etc.)	кабинет (м)	[kabinét]
recepção (f)	ресепшн (м)	[resépʃn]
secretário (m)	секретарь (м, ж)	[sekretárʲ]
secretária (f)	секретарша (ж)	[sekretárʃa]
diretor (m)	директор (м)	[diréktɔr]
gerente (m)	менеджер (м)	[ménɛdʒɛr]
contador (m)	бухгалтер (м)	[buhgálter]
empregado (m)	сотрудник (м)	[sɔtrúdnik]
mobiliário (m)	мебель (ж)	[mébelʲ]
mesa (f)	стол (м)	[stól]
cadeira (f)	кресло (с)	[kréslɔ]
gaveteiro (m)	тумбочка (ж)	[túmbɔtʃka]
cabideiro (m) de pé	вешалка (ж)	[véʃəlka]
computador (m)	компьютер (м)	[kɔmpjútɛr]
impressora (f)	принтер (м)	[príntɛr]
fax (m)	факс (м)	[fáks]
fotocopiadora (f)	копировальный аппарат (м)	[kɔpirɔválʲnij aparát]
papel (m)	бумага (ж)	[bumága]
artigos (m pl) de escritório	канцтовары (ж мн)	[kants·tɔvári]
tapete (m) para mouse	коврик (м) для мыши	[kóvrik dlʲa mīʃi]
folha (f)	лист (м)	[líst]
pasta (f)	папка (ж)	[pápka]
catálogo (m)	каталог (м)	[katalóg]
lista (f) telefônica	справочник (м)	[správɔtʃnik]
documentação (f)	документация (ж)	[dɔkumentátsija]
brochura (f)	брошюра (ж)	[brɔʃúra]
panfleto (m)	листовка (ж)	[listófka]
amostra (f)	образец (м)	[ɔbrazéts]
formação (f)	тренинг (м)	[tréning]
reunião (f)	совещание (с)	[sɔveʃánie]
hora (f) de almoço	перерыв (м) на обед	[pererīf na ɔbéd]
fazer uma cópia	делать копию	[délatʲ kópiju]
tirar cópias	размножить (св, пх)	[razmnóʒitʲ]
receber um fax	получать факс	[pɔlutʃátʲ fáks]

enviar um fax	отправлять факс	[ɔtpravlʲátʲ fáks]
fazer uma chamada	позвонить (св, н/пх)	[pozvɔnítʲ]
responder (vt)	ответить (св, пх)	[ɔtvétitʲ]
passar (vt)	соединить (св, пх)	[sɔedinítʲ]

marcar (vt)	назначать (нсв, пх)	[naznatʃátʲ]
demonstrar (vt)	демонстрировать (нсв, пх)	[demɔnstrírɔvatʲ]
estar ausente	отсутствовать (нсв, нпх)	[ɔtsútstvɔvatʲ]
ausência (f)	пропуск (м)	[própusk]

70. Processos negociais. Parte 1

negócio (m)	бизнес (м)	[bíznɛs]
ocupação (f)	дело (с)	[délɔ]

firma, empresa (f)	фирма (ж)	[fírma]
companhia (f)	компания (ж)	[kɔmpánija]
corporação (f)	корпорация (ж)	[kɔrpɔrátsija]
empresa (f)	предприятие (с)	[pretprijátie]
agência (f)	агентство (с)	[agénstvɔ]

acordo (documento)	договор (м)	[dɔgɔvór]
contrato (m)	контракт (м)	[kɔntrákt]
acordo (transação)	сделка (ж)	[zdélka]
pedido (m)	заказ (м)	[zakás]
termos (m pl)	условие (с)	[uslóvie]

por atacado	оптом	[óptɔm]
por atacado (adj)	оптовый	[ɔptóvij]
venda (f) por atacado	продажа (ж) оптом	[prɔdáʒa óptɔm]
a varejo	розничный	[róznitʃnij]
venda (f) a varejo	продажа (ж) в розницу	[prɔdáʒa v róznitsu]

concorrente (m)	конкурент (м)	[kɔnkurént]
concorrência (f)	конкуренция (ж)	[kɔnkuréntsija]
competir (vi)	конкурировать (нсв, нпх)	[kɔnkurírɔvatʲ]

sócio (m)	партнёр (м)	[partnǿr]
parceria (f)	партнёрство (с)	[partnǿrstvɔ]

crise (f)	кризис (м)	[krízis]
falência (f)	банкротство (с)	[bankrótstvɔ]
entrar em falência	обанкротиться (нсв, возв)	[ɔbankrótitsa]
dificuldade (f)	трудность (ж)	[trúdnɔstʲ]
problema (m)	проблема (ж)	[prɔbléma]
catástrofe (f)	катастрофа (ж)	[katastrófa]

economia (f)	экономика (ж)	[ɛkɔnómika]
econômico (adj)	экономический	[ɛkɔnɔmítʃeskij]
recessão (f) econômica	экономический спад (м)	[ɛkɔnɔmítʃeskij spád]

objetivo (m)	цель (ж)	[tsǽlʲ]
tarefa (f)	задача (ж)	[zadátʃa]
comerciar (vi, vt)	торговать (нсв, нпх)	[tɔrgɔvátʲ]

rede (de distribuição)	сеть (ж)	[sétⁱ]
estoque (m)	склад (м)	[skládd]
sortimento (m)	ассортимент (м)	[asortimént]
líder (m)	лидер (м)	[líder]
grande (~ empresa)	крупный	[krúpnij]
monopólio (m)	монополия (ж)	[monopólija]
teoria (f)	теория (ж)	[teórija]
prática (f)	практика (ж)	[práktika]
experiência (f)	опыт (м)	[ópɨt]
tendência (f)	тенденция (ж)	[tɛndǽntsija]
desenvolvimento (m)	развитие (с)	[razvítie]

71. Processos negociais. Parte 2

rentabilidade (f)	выгода (ж)	[vɨ̄goda]
rentável (adj)	выгодный	[vɨ̄godnij]
delegação (f)	делегация (ж)	[delegátsija]
salário, ordenado (m)	заработная плата (ж)	[zárabotnaja pláta]
corrigir (~ um erro)	исправлять (нсв, пх)	[ispravlⁱátⁱ]
viagem (f) de negócios	командировка (ж)	[komandiRófka]
comissão (f)	комиссия (ж)	[komísija]
controlar (vt)	контролировать (нсв, пх)	[kontrolírovatⁱ]
conferência (f)	конференция (ж)	[konferéntsija]
licença (f)	лицензия (ж)	[litsǽnzija]
confiável (adj)	надёжный	[nadⱷʒnij]
empreendimento (m)	начинание (с)	[natʃinánie]
norma (f)	норма (ж)	[nórma]
circunstância (f)	обстоятельство (с)	[opstojátelⁱstvo]
dever (do empregado)	обязанность (ж)	[obⁱázanostⁱ]
empresa (f)	организация (ж)	[organizátsija]
organização (f)	организация (ж)	[organizátsija]
organizado (adj)	организованный	[organizóvanij]
anulação (f)	отмена (ж)	[otména]
anular, cancelar (vt)	отменить (св, пх)	[otmenítⁱ]
relatório (m)	отчёт (м)	[ottʃót]
patente (f)	патент (м)	[patént]
patentear (vt)	патентовать (н/св, пх)	[patentovátⁱ]
planejar (vt)	планировать (нсв, пх)	[planírovatⁱ]
bônus (m)	премия (ж)	[prémija]
profissional (adj)	профессиональный	[profesionálⁱnij]
procedimento (m)	процедура (ж)	[protsɛdúra]
examinar (~ a questão)	рассмотреть (св, пх)	[rasmotrétⁱ]
cálculo (m)	расчёт (м)	[raʃót]
reputação (f)	репутация (ж)	[reputátsija]
risco (m)	риск (м)	[rísk]

dirigir (~ uma empresa)	руководить (нсв, пх)	[rukɔvɔdítʲ]
informação (f)	сведения (мн)	[svédenja]
propriedade (f)	собственность (ж)	[sópstvenɔstʲ]
união (f)	союз (м)	[sɔjús]

seguro (m) de vida	страхование (с) жизни	[strahɔvánie ʒīzni]
fazer um seguro	страховать (нсв, пх)	[strahɔvátʲ]
seguro (m)	страховка (ж)	[strahófka]

leilão (m)	торги (мн)	[tɔrgí]
notificar (vt)	уведомить (св, пх)	[uvédɔmitʲ]
gestão (f)	управление (с)	[upravlénie]
serviço (indústria de ~s)	услуга (ж)	[uslúga]

fórum (m)	форум (м)	[fórum]
funcionar (vi)	функционировать (нсв, нпх)	[funktsiɔnírɔvatʲ]
estágio (m)	этап (м)	[ɛtáp]
jurídico, legal (adj)	юридический	[juridítʃeskij]
advogado (m)	юрист (м)	[juríst]

72. Produção. Trabalhos

usina (f)	завод (м)	[zavód]
fábrica (f)	фабрика (ж)	[fábrika]
oficina (f)	цех (м)	[tsæh]
local (m) de produção	производство (с)	[prɔizvótstvɔ]

indústria (f)	промышленность (ж)	[prɔmīʃlenɔstʲ]
industrial (adj)	промышленный	[prɔmīʃlenij]
indústria (f) pesada	тяжёлая промышленность (ж)	[tɪʒólaja prɔmīʃlenɔstʲ]
indústria (f) ligeira	лёгкая промышленность (ж)	[lóhkaja prɔmīʃlenɔstʲ]

produção (f)	продукция (ж)	[prɔdúktsija]
produzir (vt)	производить (нсв, пх)	[prɔizvɔdítʲ]
matérias-primas (f pl)	сырьё (с)	[sɪrjó]

chefe (m) de obras	бригадир (м)	[brigadír]
equipe (f)	бригада (ж)	[brigáda]
operário (m)	рабочий (м)	[rabótʃij]

dia (m) de trabalho	рабочий день (м)	[rabótʃij dénʲ]
intervalo (m)	остановка (ж)	[ɔstanófka]
reunião (f)	собрание (с)	[sɔbránie]
discutir (vt)	обсуждать (нсв, пх)	[ɔpsuʒdátʲ]

plano (m)	план (м)	[plán]
cumprir o plano	выполнять план	[vɪpɔlnʲátʲ plán]
taxa (f) de produção	норма (ж) выработки	[nórma vīrabɔtki]
qualidade (f)	качество (с)	[kátʃestvɔ]
controle (m)	контроль (м)	[kɔntrólʲ]
controle (m) da qualidade	контроль (м) качества	[kɔntrólʲ kátʃestva]
segurança (f) no trabalho	безопасность (ж) труда	[bezɔpásnɔstʲ trudá]

disciplina (f)	дисциплина (ж)	[distsiplína]
infração (f)	нарушение (c)	[naruʃǽnie]
violar (as regras)	нарушать (нсв, пх)	[naruʃátʲ]

greve (f)	забастовка (ж)	[zabastófka]
grevista (m)	забастовщик (м)	[zabastófʃʲik]
estar em greve	бастовать (нсв, нпх)	[bastovátʲ]
sindicato (m)	профсоюз (м)	[profsojús]

inventar (vt)	изобретать (нсв, пх)	[izobretátʲ]
invenção (f)	изобретение (c)	[izobreténie]
pesquisa (f)	исследование (c)	[islédovanie]
melhorar (vt)	улучшать (нсв, пх)	[ulutʃʃátʲ]
tecnologia (f)	технология (ж)	[tehnológija]
desenho (m) técnico	чертёж (м)	[tʃertǿʃ]

carga (f)	груз (м)	[grús]
carregador (m)	грузчик (м)	[grúʃʲik]
carregar (o caminhão, etc.)	грузить (нсв, пх)	[gruzítʲ]
carregamento (m)	погрузка (ж)	[pogrúzka]
descarregar (vt)	разгружать (нсв, пх)	[razgruʒátʲ]
descarga (f)	разгрузка (ж)	[razgrúska]

transporte (m)	транспорт (м)	[tránsport]
companhia (f) de transporte	транспортная компания (ж)	[tránsportnaja kompánija]
transportar (vt)	перевозить (нсв, пх)	[perevozítʲ]

vagão (m) de carga	вагон (м)	[vagón]
tanque (m)	цистерна (ж)	[tsistǽrna]
caminhão (m)	грузовик (м)	[gruzovík]

| máquina (f) operatriz | станок (м) | [stanók] |
| mecanismo (m) | механизм (м) | [mehanízm] |

resíduos (m pl) industriais	отходы (мн)	[otxódi]
embalagem (f)	упаковка (ж)	[upakófka]
embalar (vt)	упаковать (св, пх)	[upakovátʲ]

73. Contrato. Acordo

contrato (m)	контракт (м)	[kontrákt]
acordo (m)	соглашение (c)	[soglaʃǽnie]
adendo, anexo (m)	приложение (c)	[priloʒǽnie]

assinar o contrato	заключить контракт	[zaklʲutʃítʲ kontrákt]
assinatura (f)	подпись (ж)	[pótpisʲ]
assinar (vt)	подписать (св, пх)	[potpisátʲ]
carimbo (m)	печать (ж)	[petʃátʲ]

objeto (m) do contrato	предмет (м) договора	[predmét dogovóra]
cláusula (f)	пункт (м)	[púnkt]
partes (f pl)	стороны (ж мн)	[stóroni]
domicílio (m) legal	юридический адрес (м)	[juridítʃeskij ádres]
violar o contrato	нарушить контракт	[narúʃitʲ kontrákt]

obrigação (f)	обязательство (c)	[ɔbɪzátelʲstvɔ]
responsabilidade (f)	ответственность (ж)	[ɔtvétstvenɔstʲ]
força (f) maior	форс-мажор (м)	[fórs-maʒór]
litígio (m), disputa (f)	спор (м)	[spór]
multas (f pl)	штрафные санкции (ж мн)	[ʃtrafnīe sánkʦii]

74. Importação & Exportação

importação (f)	импорт (м)	[ímpɔrt]
importador (m)	импортёр (м)	[impɔrtǿr]
importar (vt)	импортировать (нсв, пх)	[impɔrtírovatʲ]
de importação	импортный	[ímpɔrtnij]
exportação (f)	экспорт (м)	[æksport]
exportador (m)	экспортёр (м)	[ɛkspɔrtǿr]
exportar (vt)	экспортировать (н/св, пх)	[ɛkspɔrtírovatʲ]
de exportação	экспортный	[ǽkspɔrtnij]
mercadoria (f)	товар (м)	[tɔvár]
lote (de mercadorias)	партия (ж)	[pártija]
peso (m)	вес (м)	[vés]
volume (m)	объём (м)	[ɔbjóm]
metro (m) cúbico	кубический метр (м)	[kubítʃeskij métr]
produtor (m)	производитель (м)	[prɔizvɔdítelʲ]
companhia (f) de transporte	транспортная компания (ж)	[tránspɔrtnaja kɔmpánija]
contêiner (m)	контейнер (м)	[kɔntǽjner]
fronteira (f)	граница (ж)	[granítsa]
alfândega (f)	таможня (ж)	[tamóʒnʲa]
taxa (f) alfandegária	таможенная пошлина (ж)	[tamóʒenaja póʃlina]
funcionário (m) da alfândega	таможенник (м)	[tamóʒenik]
contrabando (atividade)	контрабанда (ж)	[kɔntrabánda]
contrabando (produtos)	контрабанда (ж)	[kɔntrabánda]

75. Finanças

ação (f)	акция (ж)	[áktsija]
obrigação (f)	облигация (ж)	[ɔbligátsija]
nota (f) promissória	вексель (м)	[vékselʲ]
bolsa (f) de valores	биржа (ж)	[bírʒa]
cotação (m) das ações	курс (м) акций	[kúrs áktsij]
tornar-se mais barato	подешеветь (св, нпх)	[pɔdeʃevétʲ]
tornar-se mais caro	подорожать (св, нпх)	[pɔdɔraʒátʲ]
parte (f)	доля (ж), пай	[dólʲa], [páj]
participação (f) majoritária	контрольный пакет (м)	[kɔntrólʲnij pakét]
investimento (m)	инвестиции (ж мн)	[investítsii]
investir (vt)	инвестировать (н/св, н/пх)	[investírovatʲ]

porcentagem (f)	процент (м)	[prɔ̍tsǽnt]
juros (m pl)	проценты (м мн)	[prɔ̍tsǽnti]
lucro (m)	прибыль (ж)	[príbilʲ]
lucrativo (adj)	прибыльный	[príbilʲnij]
imposto (m)	налог (м)	[nalóg]
divisa (f)	валюта (ж)	[valʲúta]
nacional (adj)	национальный	[natsionálʲnij]
câmbio (m)	обмен (м)	[ɔbmén]
contador (m)	бухгалтер (м)	[buhgálter]
contabilidade (f)	бухгалтерия (ж)	[buhgaltérija]
falência (f)	банкротство (с)	[bankrótstvɔ]
falência, quebra (f)	крах (м)	[kráh]
ruína (f)	разорение (с)	[razɔrénie]
estar quebrado	разориться (св, возв)	[razɔrítsa]
inflação (f)	инфляция (ж)	[inflʲátsija]
desvalorização (f)	девальвация (ж)	[devalʲvátsija]
capital (m)	капитал (м)	[kapitál]
rendimento (m)	доход (м)	[dɔhód]
volume (m) de negócios	оборот (м)	[ɔbɔrót]
recursos (m pl)	ресурсы (м мн)	[resúrsɨ]
recursos (m pl) financeiros	денежные средства (с мн)	[déneʒnie srétstva]
despesas (f pl) gerais	накладные расходы (мн)	[nakladnĩe rasxódɨ]
reduzir (vt)	сократить (св, пх)	[sɔkratítʲ]

76. Marketing

marketing (m)	маркетинг (м)	[markéting]
mercado (m)	рынок (м)	[rĩnɔk]
segmento (m) do mercado	сегмент (м) рынка	[segmént rĩnka]
produto (m)	продукт (м)	[prɔdúkt]
mercadoria (f)	товар (м)	[tɔvár]
marca (f) registrada	торговая марка (ж)	[tɔrgóvaja márka]
logotipo (m)	фирменный знак (м)	[fírmenij znák]
logo (m)	логотип (м)	[lɔgɔtíp]
demanda (f)	спрос (м)	[sprós]
oferta (f)	предложение (с)	[predlɔʒǽnie]
necessidade (f)	потребность (ж)	[pɔtrébnɔstʲ]
consumidor (m)	потребитель (м)	[pɔtrebítelʲ]
análise (f)	анализ (м)	[análiz]
analisar (vt)	анализировать (нсв, пх)	[analizírɔvatʲ]
posicionamento (m)	позиционирование (с)	[pozitsiɔnírɔvanie]
posicionar (vt)	позиционировать (нсв, пх)	[pozitsiɔnírɔvatʲ]
preço (m)	цена (ж)	[tsɛná]
política (f) de preços	ценовая политика (ж)	[tsɛnɔvája pɔlítika]
formação (f) de preços	ценообразование (с)	[tsɛnɔ·ɔbrazɔvánie]

77. Publicidade

publicidade (f)	реклама (ж)	[rekláma]
fazer publicidade	рекламировать (нсв, пх)	[reklamírovatʲ]
orçamento (m)	бюджет (м)	[bʲudʒǽt]

anúncio (m)	реклама (ж)	[rekláma]
publicidade (f) na TV	телереклама (ж)	[tele·rékláma]
publicidade (f) na rádio	реклама (ж) на радио	[rekláma na rádiɔ]
publicidade (f) exterior	наружная реклама (ж)	[narúʒnaja rekláma]

comunicação (f) de massa	масс медиа (мн)	[mas·média]
periódico (m)	периодическое издание (с)	[periɔdítʃeskɔe izdánie]
imagem (f)	имидж (м)	[ímidʒ]

| slogan (m) | лозунг (м) | [lózung] |
| mote (m), lema (f) | девиз (м) | [devís] |

campanha (f)	кампания (ж)	[kampánija]
campanha (f) publicitária	рекламная кампания (ж)	[reklámnaja kampánija]
grupo (m) alvo	целевая аудитория (ж)	[tsɛlevája auditórija]

cartão (m) de visita	визитная карточка (ж)	[vizítnaja kártɔtʃka]
panfleto (m)	листовка (ж)	[listófka]
brochura (f)	брошюра (ж)	[brɔʃúra]
folheto (m)	буклет (м)	[buklét]
boletim (~ informativo)	бюллетень (м)	[bʲuleténʲ]

letreiro (m)	вывеска (ж)	[vīveska]
cartaz, pôster (m)	плакат, постер (м)	[plakát], [póstɛr]
painel (m) publicitário	рекламный щит (м)	[reklámnij ʃít]

78. Banca

| banco (m) | банк (м) | [bánk] |
| balcão (f) | отделение (с) | [ɔtdelénie] |

| consultor (m) bancário | консультант (м) | [kɔnsulʲtánt] |
| gerente (m) | управляющий (м) | [upravlʲájuʃij] |

conta (f)	счёт (м)	[ʃøt]
número (m) da conta	номер (м) счёта	[nómer ʃøta]
conta (f) corrente	текущий счёт (м)	[tekúʃij ʃøt]
conta (f) poupança	накопительный счёт (м)	[nakɔpítelʲnij ʃøt]

abrir uma conta	открыть счёт	[ɔtkrītʲ ʃøt]
fechar uma conta	закрыть счёт	[zakrītʲ ʃøt]
depositar na conta	положить на счёт	[pɔlɔʒītʲ na ʃøt]
sacar (vt)	снять со счёта	[snʲátʲ sɔ ʃøta]

depósito (m)	вклад (м)	[fklád]
fazer um depósito	сделать вклад	[zdélatʲ fklád]
transferência (f) bancária	перевод (м)	[perevód]

transferir (vt)	сделать перевод	[zdélat^j perevód]
soma (f)	сумма (ж)	[súmma]
Quanto?	Сколько?	[skólʲkɔ?]

| assinatura (f) | подпись (ж) | [pótpisʲ] |
| assinar (vt) | подписать (св, пх) | [pɔtpisátʲ] |

cartão (m) de crédito	кредитная карта (ж)	[kredítnaja kárta]
senha (f)	код (м)	[kód]
número (m) do cartão	номер (м)	[nómer
de crédito	кредитной карты	kredítnɔj kárti]
caixa (m) eletrônico	банкомат (м)	[bankɔmát]

cheque (m)	чек (м)	[ʧék]
passar um cheque	выписать чек	[vĩpisatʲ ʧék]
talão (m) de cheques	чековая книжка (ж)	[ʧékɔvaja kníʃka]

empréstimo (m)	кредит (м)	[kredít]
pedir um empréstimo	обращаться за кредитом	[ɔbraʃátsa za kredítɔm]
obter empréstimo	брать кредит	[brátʲ kredít]
dar um empréstimo	предоставлять кредит	[predɔstavlʲátʲ kredít]
garantia (f)	гарантия (ж)	[garántija]

79. Telefone. Conversação telefônica

telefone (m)	телефон (м)	[telefón]
celular (m)	мобильный телефон (м)	[mɔbílʲnij telefón]
secretária (f) eletrônica	автоответчик (м)	[áftɔ·ɔtvéttʃik]

| fazer uma chamada | звонить (нсв, н/пх) | [zvɔnítʲ] |
| chamada (f) | звонок (м) | [zvɔnók] |

discar um número	набрать номер	[nabrátʲ nómer]
Alô!	Алло!	[alǿ]
perguntar (vt)	спросить (св, пх)	[sprɔsítʲ]
responder (vt)	ответить (св, пх)	[ɔtvétitʲ]

ouvir (vt)	слышать (нсв, пх)	[slĩʃatʲ]
bem	хорошо	[hɔrɔʃó]
mal	плохо	[plóhɔ]
ruído (m)	помехи (ж мн)	[pɔméhi]

fone (m)	трубка (ж)	[trúpka]
pegar o telefone	снять трубку	[snʲátʲ trúpku]
desligar (vi)	положить трубку	[pɔlɔʒĩtʲ trúpku]

ocupado (adj)	занятый	[zánɪtij]
tocar (vi)	звонить (нсв, нпх)	[zvɔnítʲ]
lista (f) telefônica	телефонная книга (ж)	[telefónnaja kníga]
local (adj)	местный	[mésnij]
chamada (f) local	местный звонок (м)	[mésnij zvɔnók]
de longa distância	междугородний	[meʒdugɔródnij]
chamada (f) de longa distância	междугородний звонок (м)	[meʒdugɔródnij zvɔnók]

| internacional (adj) | международный | [meʒdunaródnɨj] |
| chamada (f) internacional | международный звонок | [meʒdunaródnɨj zvɔnók] |

80. Telefone móvel

celular (m)	мобильный телефон (м)	[mɔbílʲnɨj telefón]
tela (f)	дисплей (м)	[displǽj]
botão (m)	кнопка (ж)	[knópka]
cartão SIM (m)	SIM-карта (ж)	[sim-kárta]

bateria (f)	батарея (ж)	[bataréja]
descarregar-se (vr)	разрядиться (св, возв)	[razrɨdítsa]
carregador (m)	зарядное устройство (с)	[zarʲádnɔe ustrójstvɔ]

| menu (m) | меню (с) | [menʲú] |
| configurações (f pl) | настройки (ж мн) | [nastrójki] |

| melodia (f) | мелодия (ж) | [melódija] |
| escolher (vt) | выбрать (св, пх) | [vɨ̄bratʲ] |

calculadora (f)	калькулятор (м)	[kalʲkulʲátɔr]
correio (m) de voz	голосовая почта (ж)	[gɔlɔsɔvája pótʃta]
despertador (m)	будильник (м)	[budílʲnik]
contatos (m pl)	телефонная книга (ж)	[telefónnaja kníga]

| mensagem (f) de texto | SMS-сообщение (с) | [ɛs·ɛm·ǽs-sɔɔpʃénie] |
| assinante (m) | абонент (м) | [abɔnént] |

81. Estacionário

| caneta (f) | шариковая ручка (ж) | [ʃárikɔvaja rútʃka] |
| caneta (f) tinteiro | перьевая ручка (ж) | [perjevája rútʃka] |

lápis (m)	карандаш (м)	[karandáʃ]
marcador (m) de texto	маркер (м)	[márker]
caneta (f) hidrográfica	фломастер (м)	[flɔmáster]

| bloco (m) de notas | блокнот (м) | [blɔknót] |
| agenda (f) | ежедневник (м) | [eʒednévnik] |

régua (f)	линейка (ж)	[linéjka]
calculadora (f)	калькулятор (м)	[kalʲkulʲátɔr]
borracha (f)	ластик (м)	[lástik]

| alfinete (m) | кнопка (ж) | [knópka] |
| clipe (m) | скрепка (ж) | [skrépka] |

| cola (f) | клей (м) | [kléj] |
| grampeador (m) | степлер (м) | [stǽpler] |

| furador (m) de papel | дырокол (м) | [dɨrɔkól] |
| apontador (m) | точилка (ж) | [tɔtʃílka] |

82. Tipos de negócios

serviços (m pl) de contabilidade	бухгалтерские услуги (ж мн)	[buhgálterskie uslúgi]
publicidade (f)	реклама (ж)	[rekláma]
agência (f) de publicidade	рекламное агентство (c)	[reklámnɔe agénstvɔ]
ar (m) condicionado	кондиционеры (м мн)	[kɔnditsiɔnéri]
companhia (f) aérea	авиакомпания (ж)	[avia·kɔmpánija]
bebidas (f pl) alcoólicas	спиртные напитки (м мн)	[spirtnīe napítki]
comércio (m) de antiguidades	антиквариат (м)	[antikvariát]
galeria (f) de arte	арт-галерея (ж)	[art-galeréja]
serviços (m pl) de auditoria	аудиторские услуги (ж мн)	[audítɔrskie uslúgi]
negócios (m pl) bancários	банковский бизнес (м)	[bánkɔfskij bíznɛs]
bar (m)	бар (м)	[bár]
salão (m) de beleza	салон (м) красоты	[salón krasɔtī]
livraria (f)	книжный магазин (м)	[kníʒnij magazín]
cervejaria (f)	пивоварня (ж)	[pivɔvárnʲa]
centro (m) de escritórios	бизнес-центр (м)	[bíznɛs-tsǽntr]
escola (f) de negócios	бизнес-школа (ж)	[bíznɛs-ʃkóla]
cassino (m)	казино (c)	[kazinó]
construção (f)	строительство (c)	[strɔítelʲstvɔ]
consultoria (f)	консалтинг (м)	[kɔnsálting]
clínica (f) dentária	стоматология (ж)	[stɔmatɔlógija]
design (m)	дизайн (м)	[dizájn]
drogaria (f)	аптека (ж)	[aptéka]
lavanderia (f)	химчистка (ж)	[himtʃístka]
agência (f) de emprego	кадровое агентство (c)	[kádrɔvɔe agénstvɔ]
serviços (m pl) financeiros	финансовые услуги (ж мн)	[finánsɔvie uslúgi]
alimentos (m pl)	продукты (м мн) питания	[prɔdúkti pitánija]
funerária (f)	похоронное бюро (c)	[pɔhɔrónnɔe bʲuró]
mobiliário (m)	мебель (ж)	[mébelʲ]
roupa (f)	одежда (ж)	[ɔdéʒda]
hotel (m)	гостиница (ж)	[gɔstínitsa]
sorvete (m)	мороженое (c)	[mɔróʒenɔe]
indústria (f)	промышленность (ж)	[prɔmīʃlenɔstʲ]
seguro (~ de vida, etc.)	страхование (c)	[strahɔvánie]
internet (f)	интернет (м)	[intɛrnǽt]
investimento (m)	инвестиции (ж мн)	[investítsii]
joalheiro (m)	ювелир (м)	[juvelír]
joias (f pl)	ювелирные изделия (c мн)	[juvelírnie izdélija]
lavanderia (f)	прачечная (ж)	[prátʃetʃnaja]
assessorias (f pl) jurídicas	юридические услуги (ж мн)	[juridítʃeskie uslúgi]
indústria (f) ligeira	лёгкая промышленность (ж)	[lʲóhkaja prɔmīʃlenɔstʲ]
revista (f)	журнал (м)	[ʒurnál]
vendas (f pl) por catálogo	торговля (ж) по каталогу	[tɔrgóvlʲa pɔ katalógu]
medicina (f)	медицина (ж)	[meditsīna]

| cinema (m) | кинотеатр (м) | [kinɔteátr] |
| museu (m) | музей (м) | [muzéj] |

agência (f) de notícias	информационное агентство (c)	[infɔrmatsiónnɔe agénstvɔ]
jornal (m)	газета (ж)	[gazéta]
boate (casa noturna)	ночной клуб (м)	[nɔtʃnój klúb]

petróleo (m)	нефть (ж)	[néftʲ]
serviços (m pl) de remessa	курьерская служба (ж)	[kurjérskaja slúʒba]
indústria (f) farmacêutica	фармацевтика (ж)	[farmatsǽftika]
tipografia (f)	полиграфия (ж)	[pɔligrafíja]
editora (f)	издательство (c)	[izdátelʲstvɔ]

rádio (m)	радио (c)	[rádiɔ]
imobiliário (m)	недвижимость (ж)	[nedvíʒimɔstʲ]
restaurante (m)	ресторан (м)	[restɔrán]

empresa (f) de segurança	охранное агентство (c)	[ɔhránnɔe agénstvɔ]
esporte (m)	спорт (м)	[spórt]
bolsa (f) de valores	биржа (ж)	[bírʒa]
loja (f)	магазин (м)	[magazín]
supermercado (m)	супермаркет (м)	[supermárket]
piscina (f)	бассейн (м)	[basǽjn]

alfaiataria (f)	ателье (c)	[atɛljé]
televisão (f)	телевидение (c)	[televídenje]
teatro (m)	театр (м)	[teátr]
comércio (m)	торговля (ж)	[tɔrgóvlʲa]
serviços (m pl) de transporte	перевозки (ж мн)	[perevóski]
viagens (f pl)	туризм (м)	[turízm]

veterinário (m)	ветеринар (м)	[veterinár]
armazém (m)	склад (м)	[sklád]
recolha (f) do lixo	вывоз (м) мусора	[vīvɔs músɔra]

Emprego. Negócios. Parte 2

83. Espetáculo. Feira

feira, exposição (f)	выставка (ж)	[vīstafka]
feira (f) comercial	торговая выставка (ж)	[tɔrgóvaja vīstafka]
participação (f)	участие (c)	[utʃástie]
participar (vi)	участвовать (нсв, нпх)	[utʃástvɔvatʲ]
participante (m)	участник (м)	[utʃásnik]
diretor (m)	директор (м)	[diréktɔr]
direção (f)	дирекция (ж)	[diréktsija]
organizador (m)	организатор (м)	[ɔrganizátɔr]
organizar (vt)	организовывать (нсв, пх)	[ɔrganizóvivatʲ]
ficha (f) de inscrição	заявка (ж) на участие	[zajáfka na utʃástie]
preencher (vt)	заполнить (св, пх)	[zapólnitʲ]
detalhes (m pl)	детали (ж мн)	[detáli]
informação (f)	информация (ж)	[infɔrmátsija]
preço (m)	цена (ж)	[tsɛná]
incluindo	включая	[fklʲutʃája]
incluir (vt)	включать (нсв, пх)	[fklʲutʃátʲ]
pagar (vt)	платить (нсв, н/пх)	[platítʲ]
taxa (f) de inscrição	регистрационный взнос (м)	[registratsiónij vznós]
entrada (f)	вход (м)	[fhód]
pavilhão (m), salão (f)	павильон (м)	[paviljón]
inscrever (vt)	регистрировать (нсв, пх)	[registrírɔvatʲ]
crachá (m)	бэдж (м)	[bǽdʒ]
stand (m)	выставочный стенд (м)	[vīstavɔtʃnij stǽnd]
reservar (vt)	резервировать (н/св, пх)	[rezervírɔvatʲ]
vitrine (f)	витрина (ж)	[vitrína]
lâmpada (f)	светильник (м)	[svetílʲnik]
design (m)	дизайн (м)	[dizájn]
pôr (posicionar)	располагать (нсв, пх)	[raspɔlagátʲ]
ser colocado, -a	располагаться (нсв, возв)	[raspɔlagátsa]
distribuidor (m)	дистрибьютор (м)	[distribjútɔr]
fornecedor (m)	поставщик (м)	[pɔstafʃík]
fornecer (vt)	поставлять (нсв, пх)	[pɔstavlʲátʲ]
país (m)	страна (ж)	[straná]
estrangeiro (adj)	иностранный	[inɔstránnij]
produto (m)	продукт (м)	[prɔdúkt]
associação (f)	ассоциация (ж)	[asɔtsiátsija]

sala (f) de conferência	конференц-зал (м)	[konferénts-zál]
congresso (m)	конгресс (м)	[kongrés]
concurso (m)	конкурс (м)	[kónkurs]

visitante (m)	посетитель (м)	[posetítelʲ]
visitar (vt)	посещать (нсв, пх)	[poseʃátʲ]
cliente (m)	заказчик (м)	[zakáʃik]

84. Ciência. Investigação. Cientistas

ciência (f)	наука (ж)	[naúka]
científico (adj)	научный	[naútʃnij]
cientista (m)	учёный (м)	[utʃónij]
teoria (f)	теория (ж)	[teórija]

axioma (m)	аксиома (ж)	[aksióma]
análise (f)	анализ (м)	[anális]
analisar (vt)	анализировать (нсв, пх)	[analizírovatʲ]
argumento (m)	аргумент (м)	[argumént]
substância (f)	вещество (с)	[veʃestvó]

hipótese (f)	гипотеза (ж)	[gipóteza]
dilema (m)	дилемма (ж)	[dilémma]
tese (f)	диссертация (ж)	[disertátsija]
dogma (m)	догма (ж)	[dógma]

doutrina (f)	доктрина (ж)	[doktrína]
pesquisa (f)	исследование (с)	[islédovanie]
pesquisar (vt)	исследовать (н/св, пх)	[islédovatʲ]
testes (m pl)	контроль (м)	[kontrólʲ]
laboratório (m)	лаборатория (ж)	[laboratórija]

método (m)	метод (м)	[métod]
molécula (f)	молекула (ж)	[molékula]
monitoramento (m)	мониторинг (м)	[monitóring]
descoberta (f)	открытие (с)	[otkrĩtie]

postulado (m)	постулат (м)	[postulát]
princípio (m)	принцип (м)	[príntsip]
prognóstico (previsão)	прогноз (м)	[prognós]
prognosticar (vt)	прогнозировать (нсв, пх)	[prognozírovatʲ]

síntese (f)	синтез (м)	[síntɛs]
tendência (f)	тенденция (ж)	[tɛndæntsija]
teorema (m)	теорема (ж)	[teoréma]

ensinamentos (m pl)	учение (с)	[utʃénie]
fato (m)	факт (м)	[fákt]
expedição (f)	экспедиция (ж)	[ɛkspedítsija]
experiência (f)	эксперимент (м)	[ɛksperimént]

acadêmico (m)	академик (м)	[akadémik]
bacharel (m)	бакалавр (м)	[bakalávr]
doutor (m)	доктор (м)	[dóktor]

professor (m) associado	доцент (м)	[dɔtsǽnt]
mestrado (m)	магистр (м)	[magístr]
professor (m)	профессор (м)	[prɔfésɔr]

Profissões e ocupações

trabalho (m)	работа (ж)	[rabóta]
equipe (f)	сотрудники (мн)	[sɔtrúdniki]
pessoal (m)	персонал (м)	[persɔnál]
carreira (f)	карьера (ж)	[karjéra]
perspectivas (f pl)	перспектива (ж)	[perspektíva]
habilidades (f pl)	мастерство (с)	[masterstvó]
seleção (f)	подбор (м)	[pɔdbór]
agência (f) de emprego	кадровое агентство (с)	[kádrɔvɔe agénstvɔ]
currículo (m)	резюме (с)	[rezʲumé]
entrevista (f) de emprego	собеседование (с)	[sɔbesédɔvanie]
vaga (f)	вакансия (ж)	[vakánsija]
salário (m)	зарплата (ж)	[zarpláta]
salário (m) fixo	оклад (м)	[ɔklád]
pagamento (m)	оплата (ж)	[ɔpláta]
cargo (m)	должность (ж)	[dólʒnostʲ]
dever (do empregado)	обязанность (ж)	[ɔbʲázanostʲ]
gama (f) de deveres	круг (м)	[krúg]
ocupado (adj)	занятой	[zanɪtój]
despedir, demitir (vt)	уволить (св, пх)	[uvólitʲ]
demissão (f)	увольнение (с)	[uvɔlʲnénie]
desemprego (m)	безработица (ж)	[bezrabótitsa]
desempregado (m)	безработный (м)	[bezrabótnij]
aposentadoria (f)	пенсия (ж)	[pénsija]
aposentar-se (vr)	уйти на пенсию	[ujtí na pénsiju]

diretor (m)	директор (м)	[diréktɔr]
gerente (m)	управляющий (м)	[upravlʲájuʃij]
patrão, chefe (m)	руководитель, шеф (м)	[rukɔvɔdítelʲ], [ʃǽf]
superior (m)	начальник (м)	[natʃálʲnik]
superiores (m pl)	начальство (с)	[natʃálʲstvɔ]
presidente (m)	президент (м)	[prezidént]
chairman (m)	председатель (м)	[pretsedátelʲ]
substituto (m)	заместитель (м)	[zamestítelʲ]
assistente (m)	помощник (м)	[pɔmóʃnik]

secretário (m)	секретарь (м)	[sekretárʲ]
secretário (m) pessoal	личный секретарь (м)	[lítʃnij sekretárʲ]
homem (m) de negócios	бизнесмен (м)	[biznɛsmén]
empreendedor (m)	предприниматель (м)	[pretprinimátelʲ]
fundador (m)	основатель (м)	[ɔsnɔvátelʲ]
fundar (vt)	основать (св, пх)	[ɔsnɔvátʲ]
principiador (m)	учредитель (м)	[utʃredítelʲ]
parceiro, sócio (m)	партнёр (м)	[partnǿr]
acionista (m)	акционер (м)	[aktsiɔnér]
milionário (m)	миллионер (м)	[miliɔnér]
bilionário (m)	миллиардер (м)	[miliardér]
proprietário (m)	владелец (м)	[vladélets]
proprietário (m) de terras	землевладелец (м)	[zemle·vladélets]
cliente (m)	клиент (м)	[kliént]
cliente (m) habitual	постоянный клиент (м)	[pɔstɔjánnij kliént]
comprador (m)	покупатель (м)	[pɔkupátelʲ]
visitante (m)	посетитель (м)	[pɔsetítelʲ]
profissional (m)	профессионал (м)	[prɔfesiɔnál]
perito (m)	эксперт (м)	[ɛkspért]
especialista (m)	специалист (м)	[spetsialíst]
banqueiro (m)	банкир (м)	[bankír]
corretor (m)	брокер (м)	[bróker]
caixa (m, f)	кассир (м)	[kassír]
contador (m)	бухгалтер (м)	[buhgálter]
guarda (m)	охранник (м)	[ɔhránnik]
investidor (m)	инвестор (м)	[invéstɔr]
devedor (m)	должник (м)	[dɔlʒník]
credor (m)	кредитор (м)	[kreditór]
mutuário (m)	заёмщик (м)	[zajómʃik]
importador (m)	импортёр (м)	[impɔrtǿr]
exportador (m)	экспортёр (м)	[ɛkspɔrtǿr]
produtor (m)	производитель (м)	[prɔizvɔdítelʲ]
distribuidor (m)	дистрибьютор (м)	[distribjútɔr]
intermediário (m)	посредник (м)	[pɔsrédnik]
consultor (m)	консультант (м)	[kɔnsulʲtánt]
representante comercial	представитель (м)	[pretstavítelʲ]
agente (m)	агент (м)	[agént]
agente (m) de seguros	страховой агент (м)	[strahɔvój agént]

87. Profissões de serviços

cozinheiro (m)	повар (м)	[póvar]
chefe (m) de cozinha	шеф-повар (м)	[ʃæf-póvar]

padeiro (m)	пекарь (м)	[pékarʲ]
barman (m)	бармен (м)	[bármɛn]
garçom (m)	официант (м)	[ɔfitsiánt]
garçonete (f)	официантка (ж)	[ɔfitsiántka]

advogado (m)	адвокат (м)	[advɔkát]
jurista (m)	юрист (м)	[juríst]
notário (m)	нотариус (м)	[nɔtárius]

eletricista (m)	электрик (м)	[ɛléktrik]
encanador (m)	сантехник (м)	[santéhnik]
carpinteiro (m)	плотник (м)	[plótnik]

massagista (m)	массажист (м)	[masaʒíst]
massagista (f)	массажистка (ж)	[masaʒístka]
médico (m)	врач (м)	[vrátʃ]

taxista (m)	таксист (м)	[taksíst]
condutor (automobilista)	шофёр (м)	[ʃɔfǿr]
entregador (m)	курьер (м)	[kurjér]

camareira (f)	горничная (ж)	[górnitʃnaja]
guarda (m)	охранник (м)	[ɔhránnik]
aeromoça (f)	стюардесса (ж)	[stʲuardǽsa]

professor (m)	учитель (м)	[utʃítelʲ]
bibliotecário (m)	библиотекарь (м)	[bibliotékarʲ]
tradutor (m)	переводчик (м)	[perevóttʃik]
intérprete (m)	переводчик (м)	[perevóttʃik]
guia (m)	гид (м)	[gíd]

cabeleireiro (m)	парикмахер (м)	[parikmáher]
carteiro (m)	почтальон (м)	[pɔtʃtaljón]
vendedor (m)	продавец (м)	[prɔdavéts]

jardineiro (m)	садовник (м)	[sadóvnik]
criado (m)	слуга (ж)	[slugá]
criada (f)	служанка (ж)	[sluʒánka]
empregada (f) de limpeza	уборщица (ж)	[ubórʃʲitsa]

88. Profissões militares e postos

soldado (m) raso	рядовой (м)	[rɪdɔvój]
sargento (m)	сержант (м)	[serʒánt]
tenente (m)	лейтенант (м)	[lejtenánt]
capitão (m)	капитан (м)	[kapitán]

major (m)	майор (м)	[majór]
coronel (m)	полковник (м)	[pɔlkóvnik]
general (m)	генерал (м)	[generál]
marechal (m)	маршал (м)	[márʃal]
almirante (m)	адмирал (м)	[admirál]
militar (m)	военный (м)	[vɔénnij]
soldado (m)	солдат (м)	[sɔldát]

oficial (m)	офицер (м)	[ɔfitsǽr]
comandante (m)	командир (м)	[kɔmandír]
guarda (m) de fronteira	пограничник (м)	[pɔgranítʃnik]
operador (m) de rádio	радист (м)	[radíst]
explorador (m)	разведчик (м)	[razvéttʃik]
sapador-mineiro (m)	сапёр (м)	[sapǿr]
atirador (m)	стрелок (м)	[strelók]
navegador (m)	штурман (м)	[ʃtúrman]

89. Oficiais. Padres

rei (m)	король (м)	[kɔrólʲ]
rainha (f)	королева (ж)	[kɔrɔléva]
príncipe (m)	принц (м)	[prínts]
princesa (f)	принцесса (ж)	[printsǽsa]
czar (m)	царь (м)	[tsárʲ]
czarina (f)	царица (ж)	[tsarítsa]
presidente (m)	президент (м)	[prezidént]
ministro (m)	министр (м)	[minístr]
primeiro-ministro (m)	премьер-министр (м)	[premjér-minístr]
senador (m)	сенатор (м)	[senátɔr]
diplomata (m)	дипломат (м)	[diplɔmát]
cônsul (m)	консул (м)	[kónsul]
embaixador (m)	посол (м)	[pɔsól]
conselheiro (m)	советник (м)	[sɔvétnik]
funcionário (m)	чиновник (м)	[tʃinóvnik]
prefeito (m)	префект (м)	[prefékt]
Presidente (m) da Câmara	мэр (м)	[mǽr]
juiz (m)	судья (ж)	[sudjá]
procurador (m)	прокурор (м)	[prɔkurór]
missionário (m)	миссионер (м)	[misiɔnér]
monge (m)	монах (м)	[mɔnáh]
abade (m)	аббат (м)	[abát]
rabino (m)	раввин (м)	[ravín]
vizir (m)	визирь (м)	[vizírʲ]
xá (m)	шах (м)	[ʃáh]
xeique (m)	шейх (м)	[ʃǽjh]

90. Profissões agrícolas

abelheiro (m)	пчеловод (м)	[ptʃelɔvód]
pastor (m)	пастух (м)	[pastúh]
agrônomo (m)	агроном (м)	[agrɔnóm]

| criador (m) de gado | животновод (м) | [ʒivɔtnɔvód] |
| veterinário (m) | ветеринар (м) | [veterinár] |

agricultor, fazendeiro (m)	фермер (м)	[férmer]
vinicultor (m)	винодел (м)	[vinɔdél]
zoólogo (m)	зоолог (м)	[zɔólɔg]
vaqueiro (m)	ковбой (м)	[kɔvbój]

91. Profissões artísticas

| ator (m) | актёр (м) | [aktǿr] |
| atriz (f) | актриса (ж) | [aktrísa] |

| cantor (m) | певец (м) | [pevéts] |
| cantora (f) | певица (ж) | [pevítsa] |

| bailarino (m) | танцор (м) | [tantsór] |
| bailarina (f) | танцовщица (ж) | [tantsófʃitsa] |

| artista (m) | артист (м) | [artíst] |
| artista (f) | артистка (ж) | [artístka] |

músico (m)	музыкант (м)	[muzikánt]
pianista (m)	пианист (м)	[pianíst]
guitarrista (m)	гитарист (м)	[gitaríst]

maestro (m)	дирижёр (м)	[diriʒór]
compositor (m)	композитор (м)	[kɔmpɔzítɔr]
empresário (m)	импресарио (м)	[impresárɔ]

diretor (m) de cinema	режиссёр (м)	[reʒisór]
produtor (m)	продюсер (м)	[prɔdʲúsɛr]
roteirista (m)	сценарист (м)	[stsɛnaríst]
crítico (m)	критик (м)	[krítik]

escritor (m)	писатель (м)	[pisátelʲ]
poeta (m)	поэт (м)	[pɔǽt]
escultor (m)	скульптор (м)	[skúlʲptɔr]
pintor (m)	художник (м)	[hudóʒnik]

malabarista (m)	жонглёр (м)	[ʒɔnglór]
palhaço (m)	клоун (м)	[klóun]
acrobata (m)	акробат (м)	[akrɔbát]
ilusionista (m)	фокусник (м)	[fókusnik]

92. Várias profissões

médico (m)	врач (м)	[vrátʃ]
enfermeira (f)	медсестра (ж)	[metsestrá]
psiquiatra (m)	психиатр (м)	[psihiátr]
dentista (m)	стоматолог (м)	[stɔmatólɔg]
cirurgião (m)	хирург (м)	[hirúrg]

| astronauta (m) | астронавт (м) | [astrɔnávt] |
| astrônomo (m) | астроном (м) | [astrɔnóm] |

motorista (m)	водитель (м)	[vɔdítelʲ]
maquinista (m)	машинист (м)	[maʃiníst]
mecânico (m)	механик (м)	[mehánik]

mineiro (m)	шахтёр (м)	[ʃahtǿr]
operário (m)	рабочий (м)	[rabótʃij]
serralheiro (m)	слесарь (м)	[slésarʲ]
marceneiro (m)	столяр (м)	[stɔlʲár]
torneiro (m)	токарь (м)	[tókarʲ]
construtor (m)	строитель (м)	[strɔítelʲ]
soldador (m)	сварщик (м)	[svárʃik]

professor (m)	профессор (м)	[prɔfésɔr]
arquiteto (m)	архитектор (м)	[arhitéktɔr]
historiador (m)	историк (м)	[istórik]
cientista (m)	учёный (м)	[utʃónij]
físico (m)	физик (м)	[fízik]
químico (m)	химик (м)	[hímik]

arqueólogo (m)	археолог (м)	[arheólɔg]
geólogo (m)	геолог (м)	[geólɔg]
pesquisador (cientista)	исследователь (м)	[islédɔvatelʲ]

| babysitter, babá (f) | няня (ж) | [nʲánʲa] |
| professor (m) | учитель (м) | [utʃítelʲ] |

redator (m)	редактор (м)	[redáktɔr]
redator-chefe (m)	главный редактор (м)	[glávnij redáktɔr]
correspondente (m)	корреспондент (м)	[kɔrespɔndént]
datilógrafa (f)	машинистка (ж)	[maʃinístka]

designer (m)	дизайнер (м)	[dizájner]
especialista (m) em informática	компьютерщик (м)	[kɔmpjútɛrʃik]
programador (m)	программист (м)	[prɔgramíst]
engenheiro (m)	инженер (м)	[inʒenér]

marujo (m)	моряк (м)	[mɔrʲák]
marinheiro (m)	матрос (м)	[matrós]
socorrista (m)	спасатель (м)	[spasátelʲ]

bombeiro (m)	пожарный (м)	[pɔʒárnij]
polícia (m)	полицейский (м)	[pɔlitsæjskij]
guarda-noturno (m)	сторож (м)	[stórɔʃ]
detetive (m)	сыщик (м)	[sɪ̃ʃik]

funcionário (m) da alfândega	таможенник (м)	[tamóʒenik]
guarda-costas (m)	телохранитель (м)	[telɔhranítelʲ]
guarda (m) prisional	охранник (м)	[ɔhránnik]
inspetor (m)	инспектор (м)	[inspéktɔr]

| esportista (m) | спортсмен (м) | [spɔrtsmén] |
| treinador (m) | тренер (м) | [tréner] |

açougueiro (m)	мясник (м)	[mɪsník]
sapateiro (m)	сапожник (м)	[sapóʒnik]
comerciante (m)	коммерсант (м)	[kɔmersánt]
carregador (m)	грузчик (м)	[grúʃik]
estilista (m)	модельер (м)	[mɔdɛljér]
modelo (f)	модель (ж)	[mɔdǽlʲ]

93. Ocupações. Estatuto social

estudante (~ de escola)	школьник (м)	[ʃkólʲnik]
estudante (~ universitária)	студент (м)	[studént]
filósofo (m)	философ (м)	[filósɔf]
economista (m)	экономист (м)	[ɛkonɔmíst]
inventor (m)	изобретатель (м)	[izɔbretátelʲ]
desempregado (m)	безработный (м)	[bezrabótnij]
aposentado (m)	пенсионер (м)	[pensiɔnér]
espião (m)	шпион (м)	[ʃpión]
preso, prisioneiro (m)	заключённый (м)	[zaklʲutʃónnij]
grevista (m)	забастовщик (м)	[zabastófʃik]
burocrata (m)	бюрократ (м)	[bʲurɔkrát]
viajante (m)	путешественник (м)	[puteʃǽstvenik]
homossexual (m)	гомосексуалист (м)	[gɔmɔ·sɛksualíst]
hacker (m)	хакер (м)	[háker]
hippie (m, f)	хиппи (м)	[híppi]
bandido (m)	бандит (м)	[bandít]
assassino (m)	наёмный убийца (м)	[najómnij ubíjtsa]
drogado (m)	наркоман (м)	[narkɔmán]
traficante (m)	торговец (м) наркотиками	[tɔrgóvets narkótikami]
prostituta (f)	проститутка (ж)	[prɔstitútka]
cafetão (m)	сутенёр (м)	[sutenǿr]
bruxo (m)	колдун (м)	[kɔldún]
bruxa (f)	колдунья (ж)	[kɔldúnja]
pirata (m)	пират (м)	[pirát]
escravo (m)	раб (м)	[ráb]
samurai (m)	самурай (м)	[samuráj]
selvagem (m)	дикарь (м)	[dikárʲ]

Educação

escola (f)	школа (ж)	[ʃkóla]
diretor (m) de escola	директор (м) школы	[diréktɔr ʃkóli̯]
aluno (m)	ученик (м)	[utʃeník]
aluna (f)	ученица (ж)	[utʃenítsa]
estudante (m)	школьник (м)	[ʃkólʲnik]
estudante (f)	школьница (ж)	[ʃkólʲnitsa]
ensinar (vt)	учить (нсв, пх)	[utʃítʲ]
aprender (vt)	учить (нсв, пх)	[utʃítʲ]
decorar (vt)	учить наизусть	[utʃítʲ naizústʲ]
estudar (vi)	учиться (нсв, возв)	[utʃítsa]
estar na escola	учиться (нсв, возв)	[utʃítsa]
ir à escola	идти в школу	[itʲtí f ʃkólu]
alfabeto (m)	алфавит (м)	[alfavít]
disciplina (f)	предмет (м)	[predmét]
sala (f) de aula	класс (м)	[klás]
lição, aula (f)	урок (м)	[urók]
recreio (m)	перемена (ж)	[pereména]
toque (m)	звонок (м)	[zvɔnók]
classe (f)	парта (ж)	[párta]
quadro (m) negro	доска (ж)	[dɔská]
nota (f)	отметка (ж)	[ɔtmétka]
boa nota (f)	хорошая отметка (ж)	[hɔróʃaja ɔtmétka]
nota (f) baixa	плохая отметка (ж)	[plɔhája ɔtmótka]
dar uma nota	ставить отметку	[stávitʲ ɔtmétku]
erro (m)	ошибка (ж)	[ɔʃípka]
errar (vi)	делать ошибки	[délatʲ ɔʃípki]
corrigir (~ um erro)	исправлять (нсв, пх)	[ispravlʲátʲ]
cola (f)	шпаргалка (ж)	[ʃpargálka]
dever (m) de casa	домашнее задание (с)	[dɔmáʃnee zadánie]
exercício (m)	упражнение (с)	[upraʒnénie]
estar presente	присутствовать (нсв, нпх)	[prisútstvɔvatʲ]
estar ausente	отсутствовать (нсв, нпх)	[ɔtsútstvɔvatʲ]
faltar às aulas	пропускать уроки	[prɔpuskátʲ uróki]
punir (vt)	наказывать (нсв, пх)	[nakázivatʲ]
punição (f)	наказание (с)	[nakazánie]
comportamento (m)	поведение (с)	[pɔvedénie]

boletim (m) escolar	дневник (м)	[dnevník]
lápis (m)	карандаш (м)	[karandáʃ]
borracha (f)	ластик (м)	[lástik]
giz (m)	мел (м)	[mél]
porta-lápis (m)	пенал (м)	[penál]

mala, pasta, mochila (f)	портфель (м)	[portfélʲ]
caneta (f)	ручка (ж)	[rútʃka]
caderno (m)	тетрадь (ж)	[tetrátʲ]
livro (m) didático	учебник (м)	[utʃébnik]
compasso (m)	циркуль (м)	[tsɪrkulʲ]

| traçar (vt) | чертить (нсв, пх) | [tʃertítʲ] |
| desenho (m) técnico | чертёж (м) | [tʃertøʃ] |

poesia (f)	стихотворение (с)	[stihotvorénie]
de cor	наизусть	[naizústʲ]
decorar (vt)	учить наизусть	[utʃítʲ naizústʲ]

férias (f pl)	каникулы (мн)	[kaníkulɨ]
estar de férias	быть на каникулах	[bɨtʲ na kaníkulah]
passar as férias	провести каникулы	[provestí kaníkulɨ]

teste (m), prova (f)	контрольная работа (ж)	[kontrólʲnaja rabóta]
redação (f)	сочинение (с)	[sotʃinénie]
ditado (m)	диктант (м)	[diktánt]
exame (m), prova (f)	экзамен (м)	[ɛkzámen]
fazer prova	сдавать экзамены	[zdavátʲ ɛkzámenɨ]
experiência (~ química)	опыт (м)	[ópɨt]

95. Colégio. Universidade

academia (f)	академия (ж)	[akadémija]
universidade (f)	университет (м)	[universitét]
faculdade (f)	факультет (м)	[fakulʲtét]

estudante (m)	студент (м)	[studént]
estudante (f)	студентка (ж)	[studéntka]
professor (m)	преподаватель (м)	[prepodavátelʲ]

| auditório (m) | аудитория (ж) | [auditórija] |
| graduado (m) | выпускник (м) | [vɨpuskník] |

| diploma (m) | диплом (м) | [diplóm] |
| tese (f) | диссертация (ж) | [disertátsija] |

| estudo (obra) | исследование (с) | [islédovanie] |
| laboratório (m) | лаборатория (ж) | [laboratórija] |

| palestra (f) | лекция (ж) | [léktsija] |
| colega (m) de curso | однокурсник (м) | [odnokúrsnik] |

| bolsa (f) de estudos | стипендия (ж) | [stipéndija] |
| grau (m) acadêmico | учёная степень (ж) | [utʃónaja stépenʲ] |

96. Ciências. Disciplinas

matemática (f)	математика (ж)	[matemátika]
álgebra (f)	алгебра (ж)	[álgebra]
geometria (f)	геометрия (ж)	[geɔmétrija]
astronomia (f)	астрономия (ж)	[astrɔnómija]
biologia (f)	биология (ж)	[biɔlógija]
geografia (f)	география (ж)	[geɔgráfija]
geologia (f)	геология (ж)	[geɔlógija]
história (f)	история (ж)	[istórija]
medicina (f)	медицина (ж)	[meditsĩna]
pedagogia (f)	педагогика (ж)	[pedagógika]
direito (m)	право (c)	[právɔ]
física (f)	физика (ж)	[fízika]
química (f)	химия (ж)	[hímija]
filosofia (f)	философия (ж)	[filɔsófija]
psicologia (f)	психология (ж)	[psihɔlógija]

97. Sistema de escrita. Ortografia

gramática (f)	грамматика (ж)	[gramátika]
vocabulário (m)	лексика (ж)	[léksika]
fonética (f)	фонетика (ж)	[fɔnǽtika]
substantivo (m)	существительное (c)	[suʃestvítelʲnɔe]
adjetivo (m)	прилагательное (c)	[prilagátelʲnɔe]
verbo (m)	глагол (м)	[glagól]
advérbio (m)	наречие (c)	[narétʃie]
pronome (m)	местоимение (c)	[mestɔiménie]
interjeição (f)	междометие (c)	[meʒdɔmétie]
preposição (f)	предлог (м)	[predlóg]
raiz (f)	корень (м) слова	[kórenʲ slóva]
terminação (f)	окончание (c)	[ɔkɔntʃánie]
prefixo (m)	приставка (ж)	[pristáfka]
sílaba (f)	слог (м)	[slóg]
sufixo (m)	суффикс (м)	[súfiks]
acento (m)	ударение (c)	[udarénie]
apóstrofo (f)	апостроф (м)	[apóstrɔf]
ponto (m)	точка (ж)	[tótʃka]
vírgula (f)	запятая (ж)	[zapıtája]
ponto e vírgula (m)	точка (ж) с запятой	[tótʃka s zapıtój]
dois pontos (m pl)	двоеточие (c)	[dvɔetótʃie]
reticências (f pl)	многоточие (c)	[mnɔgɔtótʃie]
ponto (m) de interrogação	вопросительный знак (м)	[vɔprɔsítelʲnij znák]
ponto (m) de exclamação	восклицательный знак (м)	[vɔsklitsátelʲnij znák]

aspas (f pl)	кавычки (ж мн)	[kavɨ̃t͡ʃki]
entre aspas	в кавычках	[f kavɨ̃t͡ʃkah]
parênteses (m pl)	скобки (ж мн)	[skópki]
entre parênteses	в скобках	[f skópkah]

hífen (m)	дефис (м)	[defís]
travessão (m)	тире (с)	[tiræ]
espaço (m)	пробел (м)	[prɔbél]

| letra (f) | буква (ж) | [búkva] |
| letra (f) maiúscula | большая буква (ж) | [bɔlʲʃája búkva] |

| vogal (f) | гласный звук (м) | [glásnij zvúk] |
| consoante (f) | согласный звук (м) | [sɔglásnij zvúk] |

frase (f)	предложение (с)	[predlɔʒǽnie]
sujeito (m)	подлежащее (с)	[pɔdleʒáʃʲee]
predicado (m)	сказуемое (с)	[skazúemɔe]

linha (f)	строка (ж)	[strɔká]
em uma nova linha	с новой строки	[s nóvɔj strɔkí]
parágrafo (m)	абзац (м)	[abzáts]

palavra (f)	слово (с)	[slóvɔ]
grupo (m) de palavras	словосочетание (с)	[slɔvɔ·sɔt͡ʃetánie]
expressão (f)	выражение (с)	[viraʒǽnie]
sinônimo (m)	синоним (м)	[sinónim]
antônimo (m)	антоним (м)	[antónim]

regra (f)	правило (с)	[právilɔ]
exceção (f)	исключение (с)	[isklʲutʃénie]
correto (adj)	верный	[vérnij]

conjugação (f)	спряжение (с)	[sprɪʒǽnie]
declinação (f)	склонение (с)	[sklɔnénie]
caso (m)	падеж (м)	[padéʃ]
pergunta (f)	вопрос (м)	[vɔprós]
sublinhar (vt)	подчеркнуть (св, пх)	[pɔt͡ʃferknútʲ]
linha (f) pontilhada	пунктир (м)	[punktír]

98. Línguas estrangeiras

língua (f)	язык (м)	[jɪzɨ̃k]
estrangeiro (adj)	иностранный	[inɔstránnij]
língua (f) estrangeira	иностранный язык (м)	[inɔstránnij jɪzɨ̃k]
estudar (vt)	изучать (нсв, пх)	[izut͡ʃátʲ]
aprender (vt)	учить (нсв, пх)	[utʃítʲ]

ler (vt)	читать (нсв, н/пх)	[t͡ʃitátʲ]
falar (vi)	говорить (нсв, н/пх)	[gɔvɔrítʲ]
entender (vt)	понимать (нсв, пх)	[pɔnimátʲ]
escrever (vt)	писать (нсв, пх)	[pisátʲ]
rapidamente	быстро	[bɨ̃strɔ]
devagar, lentamente	медленно	[médlenɔ]

fluentemente	свободно	[svɔbódnɔ]
regras (f pl)	правила (с мн)	[právila]
gramática (f)	грамматика (ж)	[gramátika]
vocabulário (m)	лексика (ж)	[léksika]
fonética (f)	фонетика (ж)	[fɔnǽtika]

livro (m) didático	учебник (м)	[utʃébnik]
dicionário (m)	словарь (м)	[slɔvárʲ]
manual (m) autodidático	самоучитель (м)	[samɔutʃítelʲ]
guia (m) de conversação	разговорник (м)	[razgɔvórnik]

fita (f) cassete	кассета (ж)	[kaséta]
videoteipe (m)	видеокассета (ж)	[vídeɔ·kaséta]
CD (m)	компакт-диск (м)	[kɔmpákt-dísk]
DVD (m)	DVD-диск (м)	[di·vi·dí dísk]

alfabeto (m)	алфавит (м)	[alfavít]
soletrar (vt)	говорить по буквам	[gɔvɔrítʲ pɔ búkvam]
pronúncia (f)	произношение (с)	[prɔiznɔʃǽnie]

sotaque (m)	акцент (м)	[aktsǽnt]
com sotaque	с акцентом	[s aktsǽntɔm]
sem sotaque	без акцента	[bez aktsǽnta]

| palavra (f) | слово (с) | [slóvɔ] |
| sentido (m) | смысл (м) | [smīsl] |

curso (m)	курсы (мн)	[kúrsi]
inscrever-se (vr)	записаться (св, возв)	[zapisátsa]
professor (m)	преподаватель (м)	[prepɔdavátelʲ]

tradução (processo)	перевод (м)	[perevód]
tradução (texto)	перевод (м)	[perevód]
tradutor (m)	переводчик (м)	[perevóttʃik]
intérprete (m)	переводчик (м)	[perevóttʃik]

| poliglota (m) | полиглот (м) | [pɔliglót] |
| memória (f) | память (ж) | [pámıtʲ] |

Descanso. Entretenimento. Viagens

99. Viagens

turismo (m)	туризм (м)	[turízm]
turista (m)	турист (м)	[turíst]
viagem (f)	путешествие (c)	[puteʃǽstvie]
aventura (f)	приключение (c)	[priklʲutʃénie]
percurso (curta viagem)	поездка (ж)	[pɔéstka]
férias (f pl)	отпуск (м)	[ótpusk]
estar de férias	быть в отпуске	[bɨ̃tʲ v ótpuske]
descanso (m)	отдых (м)	[ótdɨh]
trem (m)	поезд (м)	[pɔezd]
de trem (chegar ~)	поездом	[pɔézdɔm]
avião (m)	самолёт (м)	[samɔlɵ́t]
de avião	самолётом	[samɔlɵ́tɔm]
de carro	на автомобиле	[na aftɔmɔbíle]
de navio	на корабле	[na kɔrablé]
bagagem (f)	багаж (м)	[bagáʃ]
mala (f)	чемодан (м)	[tʃemɔdán]
carrinho (m)	тележка (ж) для багажа	[teléʃka dlʲa bagaʒá]
passaporte (m)	паспорт (м)	[páspɔrt]
visto (m)	виза (ж)	[víza]
passagem (f)	билет (м)	[bilét]
passagem (f) aérea	авиабилет (м)	[aviabilét]
guia (m) de viagem	путеводитель (м)	[putevɔdítelʲ]
mapa (m)	карта (ж)	[kárta]
área (f)	местность (ж)	[mésnɔstʲ]
lugar (m)	место (c)	[méstɔ]
exotismo (m)	экзотика (ж)	[ɛkzótika]
exótico (adj)	экзотический	[ɛkzɔtítʃeskij]
surpreendente (adj)	удивительный	[udivítelʲnij]
grupo (m)	группа (ж)	[grúpa]
excursão (f)	экскурсия (ж)	[ɛkskúrsija]
guia (m)	экскурсовод (м)	[ɛkskursɔvód]

100. Hotel

hotel (m)	гостиница (ж)	[gɔstínitsa]
motel (m)	мотель (м)	[mɔtǽlʲ]
três estrelas	3 звезды	[trí zvezdɨ̃]

| cinco estrelas | 5 звёзд | [pʲátʲ zvɵzd] |
| ficar (vi, vt) | остановиться (св, возв) | [ɔstanɔvítsa] |

quarto (m)	номер (м)	[nómer]
quarto (m) individual	одноместный номер (м)	[ɔdnɔ·mésnij nómer]
quarto (m) duplo	двухместный номер (м)	[dvuh·mésnij nómer]
reservar um quarto	бронировать номер	[brɔnírɔvatʲ nómer]

| meia pensão (f) | полупансион (м) | [pɔlu·pansión] |
| pensão (f) completa | полный пансион (м) | [pólnij pansión] |

com banheira	с ванной	[s vánnɔj]
com chuveiro	с душем	[s dúʃɛm]
televisão (m) por satélite	спутниковое телевидение (с)	[spútnikɔvɔe televídenie]

ar (m) condicionado	кондиционер (м)	[kɔnditsiɔnér]
toalha (f)	полотенце (с)	[pɔlɔténtse]
chave (f)	ключ (м)	[klʲútʃ]

administrador (m)	администратор (м)	[administrátɔr]
camareira (f)	горничная (ж)	[górnitʃnaja]
bagageiro (m)	носильщик (м)	[nɔsílʲʃik]
porteiro (m)	портье (с)	[pɔrtjé]

restaurante (m)	ресторан (м)	[restɔrán]
bar (m)	бар (м)	[bár]
café (m) da manhã	завтрак (м)	[záftrak]
jantar (m)	ужин (м)	[úʒin]
bufê (m)	шведский стол (м)	[ʃvétskij stól]

| saguão (m) | вестибюль (м) | [vestibʲúlʲ] |
| elevador (m) | лифт (м) | [líft] |

| NÃO PERTURBE | НЕ БЕСПОКОИТЬ | [ne bespɔkóitʲ] |
| PROIBIDO FUMAR! | НЕ КУРИТЬ! | [ne kurítʲ] |

EQUIPAMENTO TÉCNICO. TRANSPORTES

Equipamento técnico. Transportes

101. Computador

computador (m)	компьютер (м)	[kɔmpjútɛr]
computador (m) portátil	ноутбук (м)	[nɔutbúk]
ligar (vt)	включить (св, пх)	[fklʲutʃítʲ]
desligar (vt)	выключить (св, пх)	[vīklʲutʃitʲ]
teclado (m)	клавиатура (ж)	[klaviatúra]
tecla (f)	клавиша (ж)	[klávíʃa]
mouse (m)	мышь (ж)	[mīʃ]
tapete (m) para mouse	коврик (м)	[kóvrik]
botão (m)	кнопка (ж)	[knópka]
cursor (m)	курсор (м)	[kursór]
monitor (m)	монитор (м)	[mɔnitór]
tela (f)	экран (м)	[ɛkrán]
disco (m) rígido	жёсткий диск (м)	[ʒóstkij dísk]
capacidade (f) do disco rígido	объём (м) жёсткого диска	[ɔbjóm ʒóstkɔvɔ díska]
memória (f)	память (ж)	[pámɪtʲ]
memória RAM (f)	оперативная память (ж)	[ɔperatívnaja pámɪtʲ]
arquivo (m)	файл (м)	[fájl]
pasta (f)	папка (ж)	[pápka]
abrir (vt)	открыть (св, пх)	[otkrītʲ]
fechar (vt)	закрыть (св, пх)	[zakrītʲ]
salvar (vt)	сохранить (св, пх)	[sɔhranítʲ]
deletar (vt)	удалить (св, пх)	[udalítʲ]
copiar (vt)	скопировать (св, пх)	[skɔpírɔvatʲ]
ordenar (vt)	сортировать (нсв, пх)	[sɔrtirɔvátʲ]
copiar (vt)	переписать (св, пх)	[perepisátʲ]
programa (m)	программа (ж)	[prɔgráma]
software (m)	программное обеспечение (с)	[prɔgrámnɔe ɔbespetʃénie]
programador (m)	программист (м)	[programíst]
programar (vt)	программировать (нсв, пх)	[prɔgramírɔvatʲ]
hacker (m)	хакер (м)	[háker]
senha (f)	пароль (м)	[parólʲ]
vírus (m)	вирус (м)	[vírus]
detectar (vt)	обнаружить (св, пх)	[ɔbnarúʒitʲ]

| byte (m) | байт (м) | [bájt] |
| megabyte (m) | мегабайт (м) | [megabájt] |

| dados (m pl) | данные (мн) | [dánnie] |
| base (f) de dados | база (ж) данных | [báza dánnih] |

cabo (m)	кабель (м)	[kábelʲ]
desconectar (vt)	отсоединить (св, пх)	[ɔtsɔedinítʲ]
conectar (vt)	подсоединить (св, пх)	[pɔtsɔedinítʲ]

102. Internet. E-mail

internet (f)	интернет (м)	[intɛrnǽt]
browser (m)	браузер (м)	[bráuzer]
motor (m) de busca	поисковый ресурс (м)	[pɔiskóvij resúrs]
provedor (m)	провайдер (м)	[prɔvájder]

webmaster (m)	веб-мастер (м)	[vɛb-máster]
website (m)	веб-сайт (м)	[vɛb-sájt]
web page (f)	веб-страница (ж)	[vɛb-straníʦa]

| endereço (m) | адрес (м) | [ádres] |
| livro (m) de endereços | адресная книга (ж) | [ádresnaja kníga] |

caixa (f) de correio	почтовый ящик (м)	[pɔʧtóvij jáʃik]
correio (m)	почта (ж)	[pɔʧta]
cheia (caixa de correio)	переполненный	[perepólnenij]

mensagem (f)	сообщение (с)	[sɔɔpʃénie]
mensagens (f pl) recebidas	входящие сообщения (с мн)	[fhɔdʲáʃie sɔɔpʃénija]
mensagens (f pl) enviadas	исходящие сообщения (с мн)	[isxɔdʲáʃie sɔɔpʃénija]

remetente (m)	отправитель (м)	[ɔtpravítelʲ]
enviar (vt)	отправить (св, пх)	[ɔtprávitʲ]
envio (m)	отправка (ж)	[ɔtpráfka]

| destinatário (m) | получатель (м) | [poluʧátelʲ] |
| receber (vt) | получить (св, пх) | [poluʧítʲ] |

| correspondência (f) | переписка (ж) | [perepíska] |
| corresponder-se (vr) | переписываться (нсв, возв) | [perepísivaʦa] |

arquivo (m)	файл (м)	[fájl]
fazer download, baixar (vt)	скачать (св, пх)	[skaʧátʲ]
criar (vt)	создать (св, пх)	[sɔzdátʲ]
deletar (vt)	удалить (св, пх)	[udalítʲ]
deletado (adj)	удалённый	[udalónnij]

conexão (f)	связь (ж)	[svʲásʲ]
velocidade (f)	скорость (ж)	[skórɔstʲ]
modem (m)	модем (м)	[mɔdǽm]
acesso (m)	доступ (м)	[dóstup]
porta (f)	порт (м)	[pórt]

| conexão (f) | подключение (с) | [pɔtklʲutʃénie] |
| conectar (vi) | подключиться (св, возв) | [pɔtklʲutʃítsa] |

| escolher (vt) | выбрать (св, пх) | [vĭbratʲ] |
| buscar (vt) | искать ... (нсв, пх) | [iskátʲ ...] |

103. Eletricidade

eletricidade (f)	электричество (c)	[ɛlektrítʃestvɔ]
elétrico (adj)	электрический	[ɛlektrítʃeskij]
planta (f) elétrica	электростанция (ж)	[ɛléktrɔ·stántsija]
energia (f)	энергия (ж)	[ɛnǽrgija]
energia (f) elétrica	электроэнергия (ж)	[ɛléktrɔ·ɛnǽrgija]

lâmpada (f)	лампочка (ж)	[lámpɔtʃka]
lanterna (f)	фонарь (м)	[fɔnárʲ]
poste (m) de iluminação	фонарь (м)	[fɔnárʲ]

luz (f)	свет (м)	[svét]
ligar (vt)	включать (нсв, пх)	[fklʲutʃátʲ]
desligar (vt)	выключать (нсв, пх)	[vĭklʲutʃátʲ]
apagar a luz	погасить свет	[pɔgasítʲ svét]
queimar (vi)	перегореть (св, нпх)	[peregɔrétʲ]
curto-circuito (m)	короткое замыкание (с)	[kɔrótkɔe zamikánie]
ruptura (f)	обрыв (м)	[ɔbrĭf]
contato (m)	контакт (м)	[kɔntákt]

interruptor (m)	выключатель (м)	[vĭklʲutʃátelʲ]
tomada (de parede)	розетка (ж)	[rɔzétka]
plugue (m)	вилка (ж)	[vílka]
extensão (f)	удлинитель (м)	[udlinítelʲ]
fusível (m)	предохранитель (м)	[predɔhranítelʲ]
fio, cabo (m)	провод (м)	[próvɔd]
instalação (f) elétrica	проводка (ж)	[prɔvótka]

ampère (m)	ампер (м)	[ampér]
amperagem (f)	сила (ж) тока	[síla tóka]
volt (m)	вольт (м)	[vólʲt]
voltagem (f)	напряжение (с)	[naprɪʒǽnie]

| aparelho (m) elétrico | электроприбор (м) | [ɛléktrɔ·pribór] |
| indicador (m) | индикатор (м) | [indikátɔr] |

eletricista (m)	электрик (м)	[ɛléktrik]
soldar (vt)	паять (нсв, пх)	[pajátʲ]
soldador (m)	паяльник (м)	[pajálʲnik]
corrente (f) elétrica	ток (м)	[tók]

104. Ferramentas

| ferramenta (f) | инструмент (м) | [instrumént] |
| ferramentas (f pl) | инструменты (м мн) | [instruménti] |

equipamento (m)	оборудование (c)	[ɔbɔrúdɔvanie]
martelo (m)	молоток (м)	[mɔlɔtók]
chave (f) de fenda	отвёртка (ж)	[ɔtvǿrtka]
machado (m)	топор (м)	[tɔpór]

serra (f)	пила (ж)	[pilá]
serrar (vt)	пилить (нсв, пх)	[pilítʲ]
plaina (f)	рубанок (м)	[rubánɔk]
aplainar (vt)	строгать (нсв, пх)	[strɔgátʲ]
soldador (m)	паяльник (м)	[pajálʲnik]
soldar (vt)	паять (нсв, пх)	[pajátʲ]

lima (f)	напильник (м)	[napílʲnik]
tenaz (f)	клещи (мн)	[kléʃʲi]
alicate (m)	плоскогубцы (мн)	[plɔskɔ·gúptsi]
formão (m)	стамеска (ж)	[staméska]

broca (f)	сверло (c)	[sverló]
furadeira (f) elétrica	дрель (ж)	[drélʲ]
furar (vt)	сверлить (нсв, пх)	[sverlítʲ]

| faca (f) | нож (м) | [nóʃ] |
| lâmina (f) | лезвие (c) | [lézvie] |

afiado (adj)	острый	[óstrij]
cego (adj)	тупой	[tupój]
embotar-se (vr)	затупиться (св, возв)	[zatupítsa]
afiar, amolar (vt)	точить (нсв, пх)	[tɔtʃítʲ]

parafuso (m)	болт (м)	[bólt]
porca (f)	гайка (ж)	[gájka]
rosca (f)	резьба (ж)	[rezʲbá]
parafuso (para madeira)	шуруп (м)	[ʃurúp]

| prego (m) | гвоздь (м) | [gvóstʲ] |
| cabeça (f) do prego | шляпка (ж) | [ʃlʲápka] |

régua (f)	линейка (ж)	[linéjka]
fita (f) métrica	рулетка (ж)	[rulétka]
nível (m)	уровень (м)	[úrɔvenʲ]
lupa (f)	лупа (ж)	[lúpa]

medidor (m)	измерительный прибор (м)	[izmerítelʲnij pribór]
medir (vt)	измерять (нсв, пх)	[izmerʲátʲ]
escala (f)	шкала (ж)	[ʃkalá]
indicação (f), registro (m)	показание (c)	[pɔkazánie]

| compressor (m) | компрессор (м) | [kɔmprésɔr] |
| microscópio (m) | микроскоп (м) | [mikrɔskóp] |

bomba (f)	насос (м)	[nasós]
robô (m)	робот (м)	[róbɔt]
laser (m)	лазер (м)	[lázɛr]
chave (f) de boca	гаечный ключ (м)	[gáetʃnij klʲútʃ]
fita (f) adesiva	лента-скотч (м)	[lénta-skótʃ]

cola (f)	клей (м)	[kléj]
lixa (f)	наждачная бумага (ж)	[naʒdátʃnaja bumága]
mola (f)	пружина (ж)	[pruʒína]
ímã (m)	магнит (м)	[magnít]
luva (f)	перчатки (ж мн)	[pertʃátki]
corda (f)	верёвка (ж)	[verǿfka]
cabo (~ de nylon, etc.)	шнур (м)	[ʃnúr]
fio (m)	провод (м)	[próvɔd]
cabo (~ elétrico)	кабель (м)	[kábelʲ]
marreta (f)	кувалда (ж)	[kuválda]
pé de cabra (m)	лом (м)	[lóm]
escada (f) de mão	лестница (ж)	[lésnitsa]
escada (m)	стремянка (ж)	[stremʲánka]
enroscar (vt)	закручивать (нсв, пх)	[zakrútʃivatʲ]
desenroscar (vt)	откручивать (нсв, пх)	[ɔtkrútʃivatʲ]
apertar (vt)	зажимать (нсв, пх)	[zaʒimátʲ]
colar (vt)	приклеивать (нсв, пх)	[prikléivatʲ]
cortar (vt)	резать (нсв, пх)	[rézatʲ]
falha (f)	неисправность (ж)	[neisprávnɔstʲ]
conserto (m)	починка (ж)	[pɔtʃínka]
consertar, reparar (vt)	ремонтировать (нсв, пх)	[remɔntírɔvatʲ]
regular, ajustar (vt)	регулировать (нсв, пх)	[regulírɔvatʲ]
verificar (vt)	проверять (нсв, пх)	[prɔverʲátʲ]
verificação (f)	проверка (ж)	[prɔvérka]
indicação (f), registro (m)	показание (с)	[pɔkazánie]
seguro (adj)	надёжный	[nadǿʒnij]
complicado (adj)	сложный	[slóʒnij]
enferrujar (vi)	ржаветь (нсв, нпх)	[rʒavétʲ]
enferrujado (adj)	ржавый	[rʒávij]
ferrugem (f)	ржавчина (ж)	[rʒáftʃina]

Transportes

105. Avião

avião (m)	самолёт (м)	[samɔlɵt]
passagem (f) aérea	авиабилет (м)	[aviabilɵt]
companhia (f) aérea	авиакомпания (ж)	[avia·kɔmpánija]
aeroporto (m)	аэропорт (м)	[aɛrɔpórt]
supersônico (adj)	сверхзвуковой	[sverh·zvukɔvój]
comandante (m) do avião	командир (м) корабля	[kɔmandír kɔrablʲá]
tripulação (f)	экипаж (м)	[ɛkipáʃ]
piloto (m)	пилот (м)	[pilót]
aeromoça (f)	стюардесса (ж)	[stʲuardǽsa]
copiloto (m)	штурман (м)	[ʃtúrman]
asas (f pl)	крылья (с мн)	[krīlja]
cauda (f)	хвост (м)	[hvóst]
cabine (f)	кабина (ж)	[kabína]
motor (m)	двигатель (м)	[dvígatelʲ]
trem (m) de pouso	шасси (с)	[ʃassí]
turbina (f)	турбина (ж)	[turbína]
hélice (f)	пропеллер (м)	[prɔpéller]
caixa-preta (f)	чёрный ящик (м)	[tʃʲórnij jáʃʲik]
coluna (f) de controle	штурвал (м)	[ʃturvál]
combustível (m)	горючее (с)	[gorʲútʃee]
instruções (f pl) de segurança	инструкция по безопасности	[instrúktsija po bezɔpásnɔsti]
máscara (f) de oxigênio	кислородная маска (ж)	[kislɔródnaja máska]
uniforme (m)	униформа (ж)	[unifórma]
colete (m) salva-vidas	спасательный жилет (м)	[spasátelʲnij ʒilɵt]
paraquedas (m)	парашют (м)	[paraʃút]
decolagem (f)	взлёт (м)	[vzlɵt]
descolar (vi)	взлетать (нсв, нпх)	[vzletátʲ]
pista (f) de decolagem	взлётная полоса (ж)	[vzlɵtnaja pɔlasá]
visibilidade (f)	видимость (ж)	[vídimɔstʲ]
voo (m)	полёт (м)	[pɔlɵt]
altura (f)	высота (ж)	[visɔtá]
poço (m) de ar	воздушная яма (ж)	[vɔzdúʃnaja jáma]
assento (m)	место (с)	[méstɔ]
fone (m) de ouvido	наушники (м мн)	[naúʃniki]
mesa (f) retrátil	откидной столик (м)	[ɔtkidnój stólik]
janela (f)	иллюминатор (м)	[ilʲuminátɔr]
corredor (m)	проход (м)	[prɔhód]

106. Comboio

trem (m)	поезд (м)	[póezd]
trem (m) elétrico	электричка (ж)	[ɛlektrítʃka]
trem (m)	скорый поезд (м)	[skórij póezd]
locomotiva (f) diesel	тепловоз (м)	[teplɔvós]
locomotiva (f) a vapor	паровоз (м)	[parɔvós]
vagão (f) de passageiros	вагон (м)	[vagón]
vagão-restaurante (m)	вагон-ресторан (м)	[vagón-restɔrán]
carris (m pl)	рельсы (мн)	[rélʲsi]
estrada (f) de ferro	железная дорога (ж)	[ʒeléznaja dɔróga]
travessa (f)	шпала (ж)	[ʃpála]
plataforma (f)	платформа (ж)	[platfórma]
linha (f)	путь (м)	[pútʲ]
semáforo (m)	семафор (м)	[semafór]
estação (f)	станция (ж)	[stántsija]
maquinista (m)	машинист (м)	[maʃiníst]
bagageiro (m)	носильщик (м)	[nɔsílʲʃik]
hospedeiro, -a (m, f)	проводник (м)	[prɔvɔdník]
passageiro (m)	пассажир (м)	[pasaʒír]
revisor (m)	контролёр (м)	[kɔntrɔlǿr]
corredor (m)	коридор (м)	[kɔridór]
freio (m) de emergência	стоп-кран (м)	[stɔp-krán]
compartimento (m)	купе (с)	[kupǽ]
cama (f)	полка (ж)	[pólka]
cama (f) de cima	верхняя полка (ж)	[vérhnʲaja pólka]
cama (f) de baixo	нижняя полка (ж)	[níʒnʲaja pólka]
roupa (f) de cama	постельное бельё (с)	[pɔstélʲnɔe beljǿ]
passagem (f)	билет (м)	[bilét]
horário (m)	расписание (с)	[raspisánie]
painel (m) de informação	табло (с)	[tabló]
partir (vt)	отходить (нсв, нпх)	[ɔtxɔdítʲ]
partida (f)	отправление (с)	[ɔtpravlénie]
chegar (vi)	прибывать (нсв, нпх)	[pribivátʲ]
chegada (f)	прибытие (с)	[pribï̃tie]
chegar de trem	приехать поездом	[priéhatʲ póezdɔm]
pegar o trem	сесть на поезд	[séstʲ na póezd]
descer de trem	сойти с поезда	[sɔjtí s póezda]
acidente (m) ferroviário	крушение (с)	[kruʃǽnie]
descarrilar (vi)	сойти с рельс	[sɔjtí s rélʲs]
locomotiva (f) a vapor	паровоз (м)	[parɔvós]
foguista (m)	кочегар (м)	[kɔtʃegár]
fornalha (f)	топка (ж)	[tópka]
carvão (m)	уголь (м)	[úgɔlʲ]

107. Barco

navio (m)	корабль (м)	[kɔráblʲ]
embarcação (f)	судно (c)	[súdnɔ]
barco (m) a vapor	пароход (м)	[parɔhód]
barco (m) fluvial	теплоход (м)	[teplɔhód]
transatlântico (m)	лайнер (м)	[lájner]
cruzeiro (m)	крейсер (м)	[kréjser]
iate (m)	яхта (ж)	[jáhta]
rebocador (m)	буксир (м)	[buksír]
barcaça (f)	баржа (ж)	[barʒá]
ferry (m)	паром (м)	[paróm]
veleiro (m)	парусник (м)	[párusnik]
bergantim (m)	бригантина (ж)	[brigantína]
quebra-gelo (m)	ледокол (м)	[ledɔkól]
submarino (m)	подводная лодка (ж)	[pɔdvódnaja lótka]
bote, barco (m)	лодка (ж)	[lótka]
baleeira (bote salva-vidas)	шлюпка (ж)	[ʃlʲúpka]
bote (m) salva-vidas	спасательная шлюпка (ж)	[spasátelʲnaja ʃlʲúpka]
lancha (f)	катер (м)	[káter]
capitão (m)	капитан (м)	[kapitán]
marinheiro (m)	матрос (м)	[matrós]
marujo (m)	моряк (м)	[mɔrʲák]
tripulação (f)	экипаж (м)	[ɛkipáʃ]
contramestre (m)	боцман (м)	[bótsman]
grumete (m)	юнга (м)	[júnga]
cozinheiro (m) de bordo	кок (м)	[kók]
médico (m) de bordo	судовой врач (м)	[sudɔvój vrátʃ]
convés (m)	палуба (ж)	[páluba]
mastro (m)	мачта (ж)	[mátʃta]
vela (f)	парус (м)	[párus]
porão (m)	трюм (м)	[trʲúm]
proa (f)	нос (м)	[nós]
popa (f)	корма (ж)	[kɔrmá]
remo (m)	весло (c)	[vesló]
hélice (f)	винт (м)	[vínt]
cabine (m)	каюта (ж)	[kajúta]
sala (f) dos oficiais	кают-компания (ж)	[kajút-kɔmpánija]
sala (f) das máquinas	машинное отделение (c)	[maʃínnɔe ɔtdelénie]
ponte (m) de comando	капитанский мостик (м)	[kapitánskij móstik]
sala (f) de comunicações	радиорубка (ж)	[radiɔ·rúpka]
onda (f)	волна (ж)	[vɔlná]
diário (m) de bordo	судовой журнал (м)	[sudɔvój ʒurnál]
luneta (f)	подзорная труба (ж)	[pɔdzórnaja trubá]
sino (m)	колокол (м)	[kólɔkɔl]

bandeira (f)	флаг (м)	[flág]
cabo (m)	канат (м)	[kanát]
nó (m)	узел (м)	[úzel]

corrimão (m)	поручень (м)	[pórutʃenʲ]
prancha (f) de embarque	трап (м)	[tráp]

âncora (f)	якорь (м)	[jákɔrʲ]
recolher a âncora	поднять якорь	[podnʲátʲ jákɔrʲ]
jogar a âncora	бросить якорь	[brósitʲ jákɔrʲ]
amarra (corrente de âncora)	якорная цепь (ж)	[jákɔrnaja tsǽpʲ]

porto (m)	порт (м)	[pórt]
cais, amarradouro (m)	причал (м)	[pritʃál]
atracar (vi)	причаливать (нсв, нпх)	[pritʃálivatʲ]
desatracar (vi)	отчаливать (нсв, нпх)	[ɔtʃálivatʲ]

viagem (f)	путешествие (с)	[puteʃǽstvie]
cruzeiro (m)	круиз (м)	[kruís]
rumo (m)	курс (м)	[kúrs]
itinerário (m)	маршрут (м)	[marʃrút]

canal (m) de navegação	фарватер (м)	[farvátɛr]
banco (m) de areia	мель (ж)	[mélʲ]
encalhar (vt)	сесть на мель	[séstʲ na mélʲ]

tempestade (f)	буря (ж)	[búrʲa]
sinal (m)	сигнал (м)	[signál]
afundar-se (vr)	тонуть (нсв, нпх)	[tɔnútʲ]
Homem ao mar!	Человек за бортом!	[tʃelɔvék za bórtɔm]
SOS	SOS (м)	[sós]
boia (f) salva-vidas	спасательный круг (м)	[spasátelʲnij krúg]

108. Aeroporto

aeroporto (m)	аэропорт (м)	[aɛrɔpórt]
avião (m)	самолёт (м)	[samɔlǿt]
companhia (f) aérea	авиакомпания (ж)	[avia·kɔmpánija]
controlador (m) de tráfego aéreo	авиадиспетчер (м)	[avia·dispétʃer]

partida (f)	вылет (м)	[vīlet]
chegada (f)	прилёт (м)	[prilǿt]
chegar (vi)	прилететь (св, нпх)	[priletétʲ]

hora (f) de partida	время (с) вылета	[vrémʲa vīleta]
hora (f) de chegada	время (с) прилёта	[vrémʲa prilǿta]

estar atrasado	задерживаться (нсв, возв)	[zadérʒivatsa]
atraso (m) de voo	задержка (ж) вылета	[zadérʃka vīleta]

painel (m) de informação	информационное табло (с)	[infɔrmatsiónnɔe tabló]
informação (f)	информация (ж)	[infɔrmátsija]
anunciar (vt)	объявлять (нсв, пх)	[ɔbjιvlʲátʲ]

voo (m)	рейс (м)	[réjs]
alfândega (f)	таможня (ж)	[tamóʒnʲa]
funcionário (m) da alfândega	таможенник (м)	[tamóʒenik]
declaração (f) alfandegária	декларация (ж)	[deklarátsija]
preencher (vt)	заполнить (св, пх)	[zapólnitʲ]
preencher a declaração	заполнить декларацию	[zapólnitʲ deklarátsiju]
controle (m) de passaporte	паспортный контроль (м)	[pásportnij kontrólʲ]
bagagem (f)	багаж (м)	[bagáʃ]
bagagem (f) de mão	ручная кладь (ж)	[rutʃnája klátʲ]
carrinho (m)	тележка (ж) для багажа	[teléʃka dlʲa bagaʒá]
pouso (m)	посадка (ж)	[posátka]
pista (f) de pouso	посадочная полоса (ж)	[posádotʃnaja polosá]
aterrissar (vi)	садиться (нсв, возв)	[sadítsa]
escada (f) de avião	трап (м)	[tráp]
check-in (m)	регистрация (ж)	[registrátsija]
balcão (m) do check-in	стойка (ж) регистрации	[stójka registrátsii]
fazer o check-in	зарегистрироваться (св, возв)	[zaregistrírovatsa]
cartão (m) de embarque	посадочный талон (м)	[posádotʃnij talón]
portão (m) de embarque	выход (м)	[vĩhod]
trânsito (m)	транзит (м)	[tranzít]
esperar (vi, vt)	ждать (нсв, пх)	[ʒdátʲ]
sala (f) de espera	зал (м) ожидания	[zál oʒidánija]
despedir-se (acompanhar)	провожать (нсв, пх)	[provoʒátʲ]
despedir-se (dizer adeus)	прощаться (нсв, возв)	[proʃátsa]

Eventos

festa (f)	праздник (м)	[práznik]
feriado (m) nacional	национальный праздник (м)	[natsionál'nij práznik]
feriado (m)	праздничный день (м)	[prázniʧnij dén']
festejar (vt)	праздновать (нсв, пх)	[práznovat']
evento (festa, etc.)	событие (с)	[sɔbītie]
evento (banquete, etc.)	мероприятие (с)	[merɔprijátie]
banquete (m)	банкет (м)	[bankét]
recepção (f)	приём (м)	[prijóm]
festim (m)	пир (м)	[pír]
aniversário (m)	годовщина (ж)	[gɔdɔfʃína]
jubileu (m)	юбилей (м)	[jubiléj]
celebrar (vt)	отметить (св, пх)	[ɔtmétit']
Ano (m) Novo	Новый год (м)	[nóvij gód]
Feliz Ano Novo!	С Новым Годом!	[s nóvim gódɔm]
Natal (m)	Рождество (с)	[rɔʒdestvó]
Feliz Natal!	Весёлого Рождества!	[vesólɔvɔ rɔʒdestvá]
árvore (f) de Natal	Новогодняя ёлка (ж)	[nɔvɔgódn'aja jólka]
fogos (m pl) de artifício	салют (м)	[sal'út]
casamento (m)	свадьба (ж)	[svát'ba]
noivo (m)	жених (м)	[ʒeníh]
noiva (f)	невеста (ж)	[nevésta]
convidar (vt)	приглашать (нсв, пх)	[priglaʃát']
convite (m)	приглашение (с)	[priglaʃǽnie]
convidado (m)	гость (м)	[góst']
visitar (vt)	идти в гости	[it'tí v gósti]
receber os convidados	встречать гостей	[fstreʧát' gostéj]
presente (m)	подарок (м)	[pɔdárɔk]
oferecer, dar (vt)	дарить (нсв, пх)	[darít']
receber presentes	получать подарки	[pɔluʧát' pɔdárki]
buquê (m) de flores	букет (м)	[bukét]
felicitações (f pl)	поздравление (с)	[pɔzdravlénie]
felicitar (vt)	поздравлять (нсв, пх)	[pɔzdravl'át']
cartão (m) de parabéns	поздравительная открытка (ж)	[pɔzdravítel'naja ɔtkrītka]
enviar um cartão postal	отправить открытку	[ɔtprávit' ɔtkrītku]

receber um cartão postal	получить открытку	[polutʃítʲ otkrĩtku]
brinde (m)	тост (м)	[tóst]
oferecer (vt)	угощать (нсв, пх)	[ugoʃátʲ]
champanhe (m)	шампанское (с)	[ʃampánskoe]

divertir-se (vr)	веселиться (нсв, возв)	[veselítsa]
diversão (f)	веселье (с)	[vesélje]
alegria (f)	радость (ж)	[rádostʲ]

| dança (f) | танец (м) | [tánets] |
| dançar (vi) | танцевать (нсв, н/пх) | [tantsɛvátʲ] |

| valsa (f) | вальс (м) | [válʲs] |
| tango (m) | танго (с) | [tángo] |

110. Funerais. Enterro

cemitério (m)	кладбище (с)	[kládbiʃe]
sepultura (f), túmulo (m)	могила (ж)	[mogíla]
cruz (f)	крест (м)	[krést]
lápide (f)	надгробие (с)	[nadgróbie]
cerca (f)	ограда (ж)	[ográda]
capela (f)	часовня (ж)	[tʃasóvnʲa]

morte (f)	смерть (ж)	[smértʲ]
morrer (vi)	умереть (св, нпх)	[umerétʲ]
defunto (m)	покойник (м)	[pokójnik]
luto (m)	траур (м)	[tráur]

enterrar, sepultar (vt)	хоронить (нсв, пх)	[horonítʲ]
funerária (f)	похоронное бюро (с)	[pohorónnoe bʲuró]
funeral (m)	похороны (мн)	[póhoronɨ]

coroa (f) de flores	венок (м)	[venók]
caixão (m)	гроб (м)	[grób]
carro (m) funerário	катафалк (м)	[katafálk]
mortalha (f)	саван (м)	[sávan]

procissão (f) funerária	траурная процессия (ж)	[tráurnaja protsǽsija]
urna (f) funerária	урна (ж)	[úrna]
crematório (m)	крематорий (м)	[krematórij]

obituário (m), necrologia (f)	некролог (м)	[nekrológ]
chorar (vi)	плакать (нсв, нпх)	[plákatʲ]
soluçar (vi)	рыдать (нсв, нпх)	[ridátʲ]

111. Guerra. Soldados

pelotão (m)	взвод (м)	[vzvód]
companhia (f)	рота (ж)	[róta]
regimento (m)	полк (м)	[pólk]
exército (m)	армия (ж)	[ármija]

divisão (f)	дивизия (ж)	[divízija]
esquadrão (m)	отряд (м)	[ɔtrʲád]
hoste (f)	войско (c)	[vójskɔ]

soldado (m)	солдат (м)	[sɔldát]
oficial (m)	офицер (м)	[ɔfiʦǽr]

soldado (m) raso	рядовой (м)	[rɪdɔvój]
sargento (m)	сержант (м)	[serʒánt]
tenente (m)	лейтенант (м)	[lejtenánt]
capitão (m)	капитан (м)	[kapitán]
major (m)	майор (м)	[majór]
coronel (m)	полковник (м)	[pɔlkóvnik]
general (m)	генерал (м)	[generál]

marujo (m)	моряк (м)	[mɔrʲák]
capitão (m)	капитан (м)	[kapitán]
contramestre (m)	боцман (м)	[bóʦman]

artilheiro (m)	артиллерист (м)	[artileríst]
soldado (m) paraquedista	десантник (м)	[desántnik]
piloto (m)	лётчик (м)	[løttʃik]
navegador (m)	штурман (м)	[ʃtúrman]
mecânico (m)	механик (м)	[mehánik]

sapador-mineiro (m)	сапёр (м)	[sapør]
paraquedista (m)	парашютист (м)	[paraʃutíst]
explorador (m)	разведчик (м)	[razvéttʃik]
atirador (m) de tocaia	снайпер (м)	[snájper]
patrulha (f)	патруль (м)	[patrúlʲ]
patrulhar (vt)	патрулировать (нсв, н/пх)	[patrulírɔvatʲ]
sentinela (f)	часовой (м)	[ʧasɔvój]

guerreiro (m)	воин (м)	[vóin]
patriota (m)	патриот (м)	[patriót]
herói (m)	герой (м)	[gerój]
heroína (f)	героиня (ж)	[gerɔínʲa]

traidor (m)	предатель (м)	[predátelʲ]
desertor (m)	дезертир (м)	[dezertír]
desertar (vt)	дезертировать (нсв, нпх)	[dezertírɔvatʲ]

mercenário (m)	наёмник (м)	[najómnik]
recruta (m)	новобранец (м)	[nɔvɔbránets]
voluntário (m)	доброволец (м)	[dɔbrɔvólets]

morto (m)	убитый (м)	[ubítij]
ferido (m)	раненый (м)	[ránenij]
prisioneiro (m) de guerra	пленный (м)	[plénnij]

112. Guerra. Ações militares. Parte 1

guerra (f)	война (ж)	[vɔjná]
guerrear (vt)	воевать (нсв, нпх)	[vɔevátʲ]

guerra (f) civil	гражданская война (ж)	[graʒdánskaja vɔjná]
perfidamente	вероломно	[verɔlómnɔ]
declaração (f) de guerra	объявление войны	[ɔbjɪvlénie vɔjnī]
declarar guerra	объявить (св, пх)	[ɔbjɪvítʲ]
agressão (f)	агрессия (ж)	[agrǽsija]
atacar (vt)	нападать (нсв, нпх)	[napadátʲ]

invadir (vt)	захватывать (нсв, пх)	[zahvátivatʲ]
invasor (m)	захватчик (м)	[zahváttʃik]
conquistador (m)	завоеватель (м)	[zavɔevátelʲ]

defesa (f)	оборона (ж)	[ɔboróna]
defender (vt)	оборонять (нсв, пх)	[ɔborɔnʲátʲ]
defender-se (vr)	обороняться (нсв, возв)	[ɔborɔnʲátsa]

inimigo (m)	враг (м)	[vrág]
adversário (m)	противник (м)	[prɔtívnik]
inimigo (adj)	вражеский	[vráʒeskij]

| estratégia (f) | стратегия (ж) | [stratǽgija] |
| tática (f) | тактика (ж) | [táktika] |

ordem (f)	приказ (м)	[prikás]
comando (m)	команда (ж)	[kɔmánda]
ordenar (vt)	приказывать (нсв, пх)	[prikázivatʲ]
missão (f)	задание (с)	[zadánie]
secreto (adj)	секретный	[sekrétnij]

| batalha (f) | сражение (с) | [sraʒǽnie] |
| combate (m) | бой (м) | [bój] |

ataque (m)	атака (ж)	[atáka]
assalto (m)	штурм (м)	[ʃtúrm]
assaltar (vt)	штурмовать (нсв, пх)	[ʃturmɔvátʲ]
assédio, sítio (m)	осада (ж)	[ɔsáda]

| ofensiva (f) | наступление (с) | [nastuplénie] |
| tomar à ofensiva | наступать (нсв, нпх) | [nastupátʲ] |

| retirada (f) | отступление (с) | [ɔtstuplénie] |
| retirar-se (vr) | отступать (нсв, нпх) | [ɔtstupátʲ] |

| cerco (m) | окружение (с) | [ɔkruʒǽnie] |
| cercar (vt) | окружать (нсв, пх) | [ɔkruʒátʲ] |

bombardeio (m)	бомбёжка (ж)	[bɔmbǿʒka]
lançar uma bomba	сбросить бомбу	[zbrósitʲ bómbu]
bombardear (vt)	бомбить (нсв, пх)	[bɔmbítʲ]
explosão (f)	взрыв (м)	[vzrīf]

tiro (m)	выстрел (м)	[vīstrel]
dar um tiro	выстрелить (св, нпх)	[vīstrelitʲ]
tiroteio (m)	стрельба (ж)	[strelʲbá]

| apontar para ... | целиться (нсв, возв) | [tsǽlitsa] |
| apontar (vt) | навести (св, пх) | [navestí] |

acertar (vt)	попасть (св, нпх)	[pɔpástʲ]
afundar (~ um navio, etc.)	потопить (св, пх)	[pɔtɔpítʲ]
brecha (f)	пробоина (ж)	[prɔbóina]
afundar-se (vr)	идти ко дну (нсв)	[itʲtí kɔ dnú]

frente (m)	фронт (м)	[frónt]
evacuação (f)	эвакуация (ж)	[ɛvakuátsija]
evacuar (vt)	эвакуировать (н/св, пх)	[ɛvakuírɔvatʲ]

trincheira (f)	окоп (м)	[ɔkóp]
arame (m) enfarpado	колючая проволока (ж)	[kɔlʲútʃaja próvɔlka]
barreira (f) anti-tanque	заграждение (с)	[zagraʒdénie]
torre (f) de vigia	вышка (ж)	[víʃka]

hospital (m) militar	госпиталь (м)	[góspitalʲ]
ferir (vt)	ранить (н/св, пх)	[ránitʲ]
ferida (f)	рана (ж)	[rána]
ferido (m)	раненый (м)	[ránenʲij]
ficar ferido	получить ранение	[pɔlutʃítʲ ranénie]
grave (ferida ~)	тяжёлый	[tɪʒólʲij]

113. Guerra. Ações militares. Parte 2

cativeiro (m)	плен (м)	[plén]
capturar (vt)	взять в плен	[vzʲátʲ f plén]
estar em cativeiro	быть в плену	[bítʲ f plenú]
ser aprisionado	попасть в плен	[pɔpástʲ f plén]

campo (m) de concentração	концлагерь (м)	[kɔntsláger̩ʲ]
prisioneiro (m) de guerra	пленный (м)	[plénnij]
escapar (vi)	бежать (св, нпх)	[beʒátʲ]

trair (vt)	предать (св, пх)	[predátʲ]
traidor (m)	предатель (м)	[predátelʲ]
traição (f)	предательство (с)	[predátelʲstvɔ]

| fuzilar, executar (vt) | расстрелять (св, пх) | [rastrelʲátʲ] |
| fuzilamento (m) | расстрел (м) | [rastrél] |

equipamento (m)	обмундирование (с)	[ɔbmundirɔvánie]
insígnia (f) de ombro	погон (м)	[pɔgón]
máscara (f) de gás	противогаз (м)	[prɔtivɔgás]

rádio (m)	рация (ж)	[rátsija]
cifra (f), código (m)	шифр (м)	[ʃífr]
conspiração (f)	конспирация (ж)	[kɔnspirátsija]
senha (f)	пароль (м)	[parólʲ]

mina (f)	мина (ж)	[mína]
minar (vt)	заминировать (св, пх)	[zaminírɔvatʲ]
campo (m) minado	минное поле (с)	[mínnɔe póle]

| alarme (m) aéreo | воздушная тревога (ж) | [vɔzdúʃnaja trevóga] |
| alarme (m) | тревога (ж) | [trevóga] |

sinal (m)	сигнал (м)	[signál]
sinalizador (m)	сигнальная ракета (ж)	[signálʲnaja rakéta]
quartel-general (m)	штаб (м)	[ʃtáb]
reconhecimento (m)	разведка (ж)	[razvétka]
situação (f)	обстановка (ж)	[ɔpstanófka]
relatório (m)	рапорт (м)	[rápɔrt]
emboscada (f)	засада (ж)	[zasáda]
reforço (m)	подкрепление (с)	[pɔtkreplénie]
alvo (m)	мишень (ж)	[miʃǽnʲ]
campo (m) de tiro	полигон (м)	[pɔligón]
manobras (f pl)	манёвры (м мн)	[manǿvri]
pânico (m)	паника (ж)	[pánika]
devastação (f)	разруха (ж)	[razrúha]
ruínas (f pl)	разрушения (ж)	[razruʃǽnija]
destruir (vt)	разрушать (нсв, пх)	[razruʃátʲ]
sobreviver (vi)	выжить (св, нпх)	[vīʒitʲ]
desarmar (vt)	обезоружить (св, пх)	[ɔbezɔrúʒitʲ]
manusear (vt)	обращаться (нсв, возв)	[ɔbraʃátsa]
Sentido!	Смирно!	[smírnɔ]
Descansar!	Вольно!	[vólʲnɔ]
façanha (f)	подвиг (м)	[pódvig]
juramento (m)	клятва (ж)	[klʲátva]
jurar (vi)	клясться (нсв, возв)	[klʲástsa]
condecoração (f)	награда (ж)	[nagráda]
condecorar (vt)	награждать (нсв, пх)	[nagraʒdátʲ]
medalha (f)	медаль (ж)	[medálʲ]
ordem (f)	орден (м)	[órden]
vitória (f)	победа (ж)	[pɔbéda]
derrota (f)	поражение (с)	[pɔraʒǽnie]
armistício (m)	перемирие (с)	[peremírie]
bandeira (f)	знамя (ж)	[známʲa]
glória (f)	слава (ж)	[sláva]
parada (f)	парад (м)	[parád]
marchar (vi)	маршировать (нсв, нпх)	[marʃirɔvátʲ]

114. Armas

arma (f)	оружие (с)	[ɔrúʒie]
arma (f) de fogo	огнестрельное оружие (с)	[ɔgnestrélʲnɔe ɔrúʒie]
arma (f) branca	холодное оружие (с)	[hɔlódnɔe ɔrúʒie]
arma (f) química	химическое оружие (с)	[himítʃeskɔe ɔrúʒie]
nuclear (adj)	ядерный	[jádernij]
arma (f) nuclear	ядерное оружие (с)	[jádernɔe ɔrúʒie]
bomba (f)	бомба (ж)	[bómba]

bomba (f) atômica	атомная бомба (ж)	[átɔmnaja bómba]
pistola (f)	пистолет (м)	[pistɔlét]
rifle (m)	ружьё (с)	[ruʒjǿ]
semi-automática (f)	автомат (м)	[aftɔmát]
metralhadora (f)	пулемёт (м)	[pulemǿt]
boca (f)	дуло (с)	[dúlɔ]
cano (m)	ствол (м)	[stvól]
calibre (m)	калибр (м)	[kalíbr]
gatilho (m)	курок (м)	[kurók]
mira (f)	прицел (м)	[pritsǽl]
carregador (m)	магазин (м)	[magazín]
coronha (f)	приклад (м)	[priklád]
granada (f) de mão	граната (ж)	[granáta]
explosivo (m)	взрывчатка (ж)	[vzriftʃátka]
bala (f)	пуля (ж)	[púlʲa]
cartucho (m)	патрон (м)	[patrón]
carga (f)	заряд (м)	[zarʲád]
munições (f pl)	боеприпасы (мн)	[bɔepripási]
bombardeiro (m)	бомбардировщик (м)	[bɔmbardirófʃik]
avião (m) de caça	истребитель (м)	[istrebítelʲ]
helicóptero (m)	вертолёт (м)	[vertɔlǿt]
canhão (m) antiaéreo	зенитка (ж)	[zenítka]
tanque (m)	танк (м)	[tánk]
canhão (de um tanque)	пушка (ж)	[púʃka]
artilharia (f)	артиллерия (ж)	[artilérija]
fazer a pontaria	навести на ... (св)	[navestí na ...]
projétil (m)	снаряд (м)	[snarʲád]
granada (f) de morteiro	мина (ж)	[mína]
morteiro (m)	миномёт (м)	[minɔmǿt]
estilhaço (m)	осколок (м)	[ɔskólɔk]
submarino (m)	подводная лодка (ж)	[pɔdvódnaja lótka]
torpedo (m)	торпеда (ж)	[tɔrpéda]
míssil (m)	ракета (ж)	[rakéta]
carregar (uma arma)	заряжать (нсв, пх)	[zarɪʒátʲ]
disparar, atirar (vi)	стрелять (нсв, нпх)	[strelʲátʲ]
apontar para ...	целиться (нсв, возв)	[tsǽlitsa]
baioneta (f)	штык (м)	[ʃtīk]
espada (f)	шпага (ж)	[ʃpága]
sabre (m)	сабля (ж)	[sáblʲa]
lança (f)	копьё (с)	[kɔpjǿ]
arco (m)	лук (м)	[lúk]
flecha (f)	стрела (ж)	[strelá]
mosquete (m)	мушкет (м)	[muʃkét]
besta (f)	арбалет (м)	[arbalét]

115. Povos da antiguidade

primitivo (adj)	первобытный	[pervɔbĩtnij]
pré-histórico (adj)	доисторический	[dɔistɔrítʃeskij]
antigo (adj)	древний	[drévnij]
Idade (f) da Pedra	Каменный Век (м)	[kámennij vek]
Idade (f) do Bronze	Бронзовый Век (м)	[brónzɔvij vek]
Era (f) do Gelo	ледниковый период (м)	[lednikóvij períud]
tribo (f)	племя (с)	[plémʲa]
canibal (m)	людоед (м)	[ʲudɔéd]
caçador (m)	охотник (м)	[ɔhótnik]
caçar (vi)	охотиться (нсв, возв)	[ɔhótitsa]
mamute (m)	мамонт (м)	[mámɔnt]
caverna (f)	пещера (ж)	[peʃéra]
fogo (m)	огонь (м)	[ɔgónʲ]
fogueira (f)	костёр (м)	[kɔstǿr]
pintura (f) rupestre	наскальный рисунок (м)	[naskálʲnij risúnɔk]
ferramenta (f)	орудие (с) труда	[ɔrúdie trudá]
lança (f)	копьё (с)	[kɔpjǿ]
machado (m) de pedra	каменный топор (м)	[kámennij tɔpór]
guerrear (vt)	воевать (нсв, нпх)	[vɔevátʲ]
domesticar (vt)	приручать (нсв, пх)	[prirutʃátʲ]
ídolo (m)	идол (м)	[ídɔl]
adorar, venerar (vt)	поклоняться (нсв, возв)	[pɔklɔnʲátsa]
superstição (f)	суеверие (с)	[suevérie]
evolução (f)	эволюция (ж)	[ɛvɔlʲútsija]
desenvolvimento (m)	развитие (с)	[razvítie]
extinção (f)	исчезновение (с)	[isʃeznɔvénie]
adaptar-se (vr)	приспосабливаться (нсв, возв)	[prispɔsáblivatsa]
arqueologia (f)	археология (ж)	[arheɔlógija]
arqueólogo (m)	археолог (м)	[arheólɔg]
arqueológico (adj)	археологический	[arheɔlɔgítʃeskij]
escavação (sítio)	раскопки (мн)	[raskópki]
escavações (f pl)	раскопки (мн)	[raskópki]
achado (m)	находка (ж)	[nahótka]
fragmento (m)	фрагмент (м)	[fragmént]

116. Idade média

povo (m)	народ (м)	[naród]
povos (m pl)	народы (м мн)	[naródi]
tribo (f)	племя (с)	[plémʲa]
tribos (f pl)	племена (с мн)	[plemená]
bárbaros (pl)	варвары (м мн)	[várvari]

galeses (pl)	галлы (м мн)	[gálʲi]
godos (pl)	готы (м мн)	[góti]
eslavos (pl)	славяне (мн)	[slavʲáne]
viquingues (pl)	викинги (м мн)	[víkingi]

| romanos (pl) | римляне (мн) | [rímlɪne] |
| romano (adj) | римский | [rímskij] |

bizantinos (pl)	византийцы (м мн)	[vizantíjtsi]
Bizâncio	Византия (ж)	[vizantíja]
bizantino (adj)	византийский	[vizantíjskij]

imperador (m)	император (м)	[imperátɔr]
líder (m)	вождь (м)	[vóʃtʲ]
poderoso (adj)	могущественный	[mɔgúʃʲestvenij]
rei (m)	король (м)	[kɔrólʲ]
governante (m)	правитель (м)	[pravítelʲ]

cavaleiro (m)	рыцарь (м)	[rĩtsarʲ]
senhor feudal (m)	феодал (м)	[feɔdál]
feudal (adj)	феодальный	[feɔdálʲnij]
vassalo (m)	вассал (м)	[vasál]

duque (m)	герцог (м)	[gértsɔg]
conde (m)	граф (м)	[gráf]
barão (m)	барон (м)	[barón]
bispo (m)	епископ (м)	[epískɔp]

armadura (f)	доспехи (мн)	[dɔspéhi]
escudo (m)	щит (м)	[ʃʲít]
espada (f)	меч (м)	[métʃ]
viseira (f)	забрало (с)	[zabrálɔ]
cota (f) de malha	кольчуга (ж)	[kɔlʲtʃúga]

| cruzada (f) | крестовый поход (м) | [krestóvij pɔhód] |
| cruzado (m) | крестоносец (м) | [krestɔnósets] |

território (m)	территория (ж)	[teritórija]
atacar (vt)	нападать (нсв, нпх)	[napadátʲ]
conquistar (vt)	завоевать (св, пх)	[zavɔevátʲ]
ocupar, invadir (vt)	захватить (св, пх)	[zahvatítʲ]

assédio, sítio (m)	осада (ж)	[ɔsáda]
sitiado (adj)	осаждённый	[ɔsaʒdǿnnij]
assediar, sitiar (vt)	осаждать (нсв, пх)	[ɔsaʒdátʲ]

inquisição (f)	инквизиция (ж)	[inkvizítsija]
inquisidor (m)	инквизитор (м)	[inkvizítɔr]
tortura (f)	пытка (ж)	[pĩtka]
cruel (adj)	жестокий	[ʒestókij]
herege (m)	еретик (м)	[eretík]
heresia (f)	ересь (ж)	[éresʲ]

navegação (f) marítima	мореплавание (с)	[mɔre·plávanie]
pirata (m)	пират (м)	[pirát]
pirataria (f)	пиратство (с)	[pirátstvɔ]

abordagem (f)	абордаж (м)	[abɔrdáʃ]
presa (f), butim (m)	добыча (ж)	[dɔbĭʧa]
tesouros (m pl)	сокровища (мн)	[sɔkróviʃa]

descobrimento (m)	открытие (с)	[ɔtkrĭtie]
descobrir (novas terras)	открыть (св, пх)	[ɔtkrĭtʲ]
expedição (f)	экспедиция (ж)	[ɛkspedítsija]

mosqueteiro (m)	мушкетёр (м)	[muʃketǿr]
cardeal (m)	кардинал (м)	[kardinál]
heráldica (f)	геральдика (ж)	[gerálʲdika]
heráldico (adj)	геральдический	[geralʲdíʧeskij]

117. Líder. Chefe. Autoridades

rei (m)	король (м)	[kɔrólʲ]
rainha (f)	королева (ж)	[kɔrɔléva]
real (adj)	королевский	[kɔrɔléfskij]
reino (m)	королевство (с)	[kɔrɔléfstvɔ]

| príncipe (m) | принц (м) | [prínts] |
| princesa (f) | принцесса (ж) | [printsǽsa] |

presidente (m)	президент (м)	[prezidént]
vice-presidente (m)	вице-президент (м)	[vítsɛ-prezidént]
senador (m)	сенатор (м)	[senátɔr]

monarca (m)	монарх (м)	[mɔnárh]
governante (m)	правитель (м)	[pravítelʲ]
ditador (m)	диктатор (м)	[diktátɔr]
tirano (m)	тиран (м)	[tirán]
magnata (m)	магнат (м)	[magnát]

diretor (m)	директор (м)	[diréktɔr]
chefe (m)	шеф (м)	[ʃǽf]
gerente (m)	управляющий (м)	[upravlʲájuʃij]
patrão (m)	босс (м)	[bós]
dono (m)	хозяин (м)	[hɔzʲáin]

chefe (m)	глава (ж)	[glavá]
autoridades (f pl)	власти (мн)	[vlásti]
superiores (m pl)	начальство (с)	[naʧálʲstvɔ]

governador (m)	губернатор (м)	[gubernátɔr]
cônsul (m)	консул (м)	[kónsul]
diplomata (m)	дипломат (м)	[diplɔmát]

| Presidente (m) da Câmara | мэр (м) | [mǽr] |
| xerife (m) | шериф (м) | [ʃɛríf] |

imperador (m)	император (м)	[imperátɔr]
czar (m)	царь (м)	[tsárʲ]
faraó (m)	фараон (м)	[faraón]
cã, khan (m)	хан (м)	[ħán]

118. Violação da lei. Criminosos. Parte 1

bandido (m)	бандит (м)	[bandít]
crime (m)	преступление (c)	[prestuplénie]
criminoso (m)	преступник (м)	[prestúpnik]
ladrão (m)	вор (м)	[vór]
roubo (atividade)	воровство (c)	[vɔrɔfstvó]
furto (m)	кража (ж)	[kráʒa]
raptar, sequestrar (vt)	похитить (св, пх)	[pɔhítitʲ]
sequestro (m)	похищение (c)	[pɔhiʃénie]
sequestrador (m)	похититель (м)	[pɔhitítelʲ]
resgate (m)	выкуп (м)	[vīkup]
pedir resgate	требовать выкуп	[trébɔvatʲ vīkup]
roubar (vt)	грабить (нсв, пх)	[grábitʲ]
assaltante (m)	грабитель (м)	[grabítelʲ]
extorquir (vt)	вымогать (нсв, пх)	[vimɔgátʲ]
extorsionário (m)	вымогатель (м)	[vimɔgátelʲ]
extorsão (f)	вымогательство (c)	[vimɔgátelʲstvɔ]
matar, assassinar (vt)	убить (св, пх)	[ubítʲ]
homicídio (m)	убийство (c)	[ubíjstvɔ]
homicida, assassino (m)	убийца (ж)	[ubíjtsa]
tiro (m)	выстрел (м)	[vīstrel]
dar um tiro	выстрелить (св, нпх)	[vīstrelitʲ]
matar a tiro	застрелить (св, пх)	[zastrelítʲ]
disparar, atirar (vi)	стрелять (нсв, нпх)	[strelʲátʲ]
tiroteio (m)	стрельба (ж)	[strelʲbá]
incidente (m)	происшествие (c)	[prɔiʃǽstvie]
briga (~ de rua)	драка (ж)	[dráka]
vítima (f)	жертва (ж)	[ʒǽrtva]
danificar (vt)	повредить (св, пх)	[pɔvredítʲ]
dano (m)	ущерб (м)	[uʃérb]
cadáver (m)	труп (м)	[trúp]
grave (adj)	тяжкий	[tʲáʃkij]
atacar (vt)	напасть (св, нпх)	[napástʲ]
bater (espancar)	бить (нсв, пх)	[bítʲ]
espancar (vt)	избить (св, пх)	[izbítʲ]
tirar, roubar (dinheiro)	отнять (св, пх)	[ɔtnʲátʲ]
esfaquear (vt)	зарезать (св, пх)	[zarézatʲ]
mutilar (vt)	изувечить (св, пх)	[izuvétʃitʲ]
ferir (vt)	ранить (н/св, пх)	[ránitʲ]
chantagem (f)	шантаж (м)	[ʃantáʃ]
chantagear (vt)	шантажировать (нсв, пх)	[ʃantaʒīrovatʲ]
chantagista (m)	шантажист (м)	[ʃantaʒīst]
extorsão (f)	рэкет (м)	[rǽket]

extorsionário (m)	рэкетир (м)	[rɛketír]
gângster (m)	гангстер (м)	[gángstɛr]
máfia (f)	мафия (ж)	[máfija]

punguista (m)	карманник (м)	[karmánnik]
assaltante, ladrão (m)	взломщик (м)	[vzlómʃik]
contrabando (m)	контрабанда (ж)	[kɔntrabánda]
contrabandista (m)	контрабандист (м)	[kɔntrabandíst]

falsificação (f)	подделка (ж)	[pɔddélka]
falsificar (vt)	подделывать (нсв, пх)	[pɔddélivatʲ]
falsificado (adj)	фальшивый	[falʲʃívij]

119. Violação da lei. Criminosos. Parte 2

estupro (m)	изнасилование (с)	[iznasílɔvanie]
estuprar (vt)	изнасиловать (св, пх)	[iznasílɔvatʲ]
estuprador (m)	насильник (м)	[nasílʲnik]
maníaco (m)	маньяк (м)	[manják]

prostituta (f)	проститутка (ж)	[prɔstitútka]
prostituição (f)	проституция (ж)	[prɔstitútsija]
cafetão (m)	сутенёр (м)	[sutenør]

| drogado (m) | наркоман (м) | [narkɔmán] |
| traficante (m) | торговец (м) наркотиками | [tɔrgóveʦ narkótikami] |

explodir (vt)	взорвать (св, пх)	[vzɔrvátʲ]
explosão (f)	взрыв (м)	[vzrīf]
incendiar (vt)	поджечь (св, пх)	[pɔdʒǽʧʲ]
incendiário (m)	поджигатель (м)	[pɔdʒigátelʲ]

terrorismo (m)	терроризм (м)	[terɔrízm]
terrorista (m)	террорист (м)	[terɔríst]
refém (m)	заложник (м)	[zalóʒnik]

enganar (vt)	обмануть (св, пх)	[ɔbmanútʲ]
engano (m)	обман (м)	[ɔbmán]
vigarista (m)	мошенник (м)	[mɔʃǽnnik]

subornar (vt)	подкупить (св, пх)	[pɔtkupítʲ]
suborno (atividade)	подкуп (м)	[pótkup]
suborno (dinheiro)	взятка (ж)	[vzʲátka]

veneno (m)	яд (м)	[jád]
envenenar (vt)	отравить (св, пх)	[ɔtravítʲ]
envenenar-se (vr)	отравиться (св, возв)	[ɔtravítsa]

| suicídio (m) | самоубийство (с) | [samɔubíjstvɔ] |
| suicida (m) | самоубийца (м, ж) | [samɔubíjtsa] |

ameaçar (vt)	угрожать (нсв, пх)	[ugrɔʒátʲ]
ameaça (f)	угроза (ж)	[ugróza]
atentar contra a vida de ...	покушаться (нсв, возв)	[pɔkuʃátsa]

atentado (m)	покушение (с)	[pɔkuʃǽnie]
roubar (um carro)	угнать (св, пх)	[ugnátʲ]
sequestrar (um avião)	угнать (св, пх)	[ugnátʲ]

| vingança (f) | месть (ж) | [méstʲ] |
| vingar (vt) | мстить (нсв, пх) | [mstítʲ] |

torturar (vt)	пытать (нсв, пх)	[pitátʲ]
tortura (f)	пытка (ж)	[pītka]
atormentar (vt)	мучить (нсв, пх)	[mútʃitʲ]

pirata (m)	пират (м)	[pirát]
desordeiro (m)	хулиган (м)	[huligán]
armado (adj)	вооружённый	[vɔɔruʒónnij]
violência (f)	насилие (с)	[nasílie]
ilegal (adj)	нелегальный	[nelegálʲnij]

| espionagem (f) | шпионаж (м) | [ʃpiɔnáʃ] |
| espionar (vi) | шпионить (нсв, нпх) | [ʃpiónitʲ] |

120. Polícia. Lei. Parte 1

| justiça (sistema de ~) | правосудие (с) | [pravɔsúdie] |
| tribunal (m) | суд (м) | [súd] |

juiz (m)	судья (ж)	[sudjá]
jurados (m pl)	присяжные (мн)	[prisʲáʒnie]
tribunal (m) do júri	суд (м) присяжных	[sút prisʲáʒnih]
julgar (vt)	судить (нсв, пх)	[sudítʲ]

advogado (m)	адвокат (м)	[advɔkát]
réu (m)	подсудимый (м)	[pɔtsudímij]
banco (m) dos réus	скамья (ж) подсудимых	[skamjá pɔtsudímih]

| acusação (f) | обвинение (с) | [ɔbvinénie] |
| acusado (m) | обвиняемый (м) | [ɔbvinʲáemij] |

| sentença (f) | приговор (м) | [prigɔvór] |
| sentenciar (vt) | приговорить (св, пх) | [prigɔvorítʲ] |

culpado (m)	виновник (м)	[vinóvnik]
punir (vt)	наказать (св, пх)	[nakazátʲ]
punição (f)	наказание (с)	[nakazánie]

| multa (f) | штраф (м) | [ʃtráf] |
| prisão (f) perpétua | пожизненное заключение (с) | [pɔʒīznenɔe zaklʲutʃénie] |

pena (f) de morte	смертная казнь (ж)	[smértnaja káznʲ]
cadeira (f) elétrica	электрический стул (м)	[ɛlektrítʃeskij stúl]
forca (f)	виселица (ж)	[víselitsa]

executar (vt)	казнить (н/св, пх)	[kaznítʲ]
execução (f)	казнь (ж)	[káznʲ]
prisão (f)	тюрьма (ж)	[tʲurʲmá]

cela (f) de prisão	камера (ж)	[kámera]
escolta (f)	конвой (м)	[kɔnvój]
guarda (m) prisional	надзиратель (м)	[nadzirátelʲ]
preso, prisioneiro (m)	заключённый (м)	[zaklʲutʃónnij]

| algemas (f pl) | наручники (мн) | [narútʃniki] |
| algemar (vt) | надеть наручники | [nadétʲ narútʃniki] |

fuga, evasão (f)	побег (м)	[pɔbég]
fugir (vi)	убежать (св, нпх)	[ubeʒátʲ]
desaparecer (vi)	исчезнуть (св, нпх)	[isʃéznutʲ]
soltar, libertar (vt)	освободить (св, пх)	[ɔsvɔbɔdítʲ]
anistia (f)	амнистия (ж)	[amnístija]

polícia (instituição)	полиция (ж)	[pɔlítsija]
polícia (m)	полицейский (м)	[pɔlitsǽjskij]
delegacia (f) de polícia	полицейский участок (м)	[pɔlitsǽjskij utʃástɔk]
cassetete (m)	резиновая дубинка (ж)	[rezínɔvaja dubínka]
megafone (m)	рупор (м)	[rúpɔr]

carro (m) de patrulha	патрульная машина (ж)	[patrúlʲnaja maʃina]
sirene (f)	сирена (ж)	[siréna]
ligar a sirene	включить сирену	[fklʲutʃítʲ sirénu]
toque (m) da sirene	вой (м) сирены	[vój siréni]

cena (f) do crime	место (с) преступления	[méstɔ prestuplénija]
testemunha (f)	свидетель (м)	[svidételʲ]
liberdade (f)	свобода (ж)	[svɔbóda]
cúmplice (m)	сообщник (м)	[sɔópʃnik]
escapar (vi)	скрыться (св, возв)	[skrĩtsa]
traço (não deixar ~s)	след (м)	[sléd]

121. Polícia. Lei. Parte 2

procura (f)	розыск (м)	[rózisk]
procurar (vt)	разыскивать ... (нсв, пх)	[razĩskivatʲ ...]
suspeita (f)	подозрение (с)	[pɔdɔzrénie]
suspeito (adj)	подозрительный	[pɔdɔzrítelʲnij]
parar (veículo, etc.)	остановить (св, пх)	[ɔstanɔvítʲ]
deter (fazer parar)	задержать (св, пх)	[zaderʒátʲ]

caso (~ criminal)	дело (с)	[délɔ]
investigação (f)	следствие (с)	[slétstvie]
detetive (m)	детектив, сыщик (м)	[dɛtɛktíf], [sĩʃik]
investigador (m)	следователь (м)	[slédɔvatelʲ]
versão (f)	версия (ж)	[vérsija]

motivo (m)	мотив (м)	[mɔtíf]
interrogatório (m)	допрос (м)	[dɔprós]
interrogar (vt)	допрашивать (нсв, пх)	[dɔpráʃivatʲ]
questionar (vt)	опрашивать (нсв, пх)	[ɔpráʃivatʲ]
verificação (f)	проверка (ж)	[prɔvérka]
batida (f) policial	облава (ж)	[ɔbláva]
busca (f)	обыск (м)	[óbisk]

perseguição (f)	погоня (ж)	[pɔgónʲa]
perseguir (vt)	преследовать (нсв, пх)	[preslédɔvatʲ]
seguir, rastrear (vt)	следить (нсв, нпх)	[sledítʲ]

prisão (f)	арест (м)	[arést]
prender (vt)	арестовать (св, пх)	[arestɔvátʲ]
pegar, capturar (vt)	поймать (св, пх)	[pɔjmátʲ]
captura (f)	поимка (ж)	[pɔímka]

documento (m)	документ (м)	[dɔkumént]
prova (f)	доказательство (с)	[dɔkazátelʲstvɔ]
provar (vt)	доказывать (нсв, пх)	[dɔkázivatʲ]
pegada (f)	след (м)	[sléd]
impressões (f pl) digitais	отпечатки (м мн) пальцев	[ɔtpetʃátki pálʲtsɛf]
prova (f)	улика (ж)	[ulíka]

álibi (m)	алиби (с)	[álibi]
inocente (adj)	невиновный	[nevinóvnij]
injustiça (f)	несправедливость (ж)	[nespravedlívɔstʲ]
injusto (adj)	несправедливый	[nespravedlívij]

criminal (adj)	криминальный	[kriminálʲnij]
confiscar (vt)	конфисковать (св, пх)	[kɔnfiskɔvátʲ]
droga (f)	наркотик (м)	[narkótik]
arma (f)	оружие (с)	[ɔrúʒie]
desarmar (vt)	обезоружить (св, пх)	[ɔbezɔrúʒitʲ]
ordenar (vt)	приказывать (нсв, пх)	[prikázivatʲ]
desaparecer (vi)	исчезнуть (св, нпх)	[isʃéznutʲ]

lei (f)	закон (м)	[zakón]
legal (adj)	законный	[zakónnij]
ilegal (adj)	незаконный	[nezakónnij]

| responsabilidade (f) | ответственность (ж) | [ɔtvétstvenɔstʲ] |
| responsável (adj) | ответственный | [ɔtvétstvenij] |

NATUREZA

A Terra. Parte 1

122. Espaço sideral

espaço, cosmo (m)	космос (м)	[kósmɔs]
espacial, cósmico (adj)	космический	[kɔsmítʃeskij]
espaço (m) cósmico	космическое пространство	[kɔsmítʃeskɔe prɔstránstvɔ]
mundo (m)	мир (м)	[mír]
universo (m)	вселенная (ж)	[fselénnaja]
galáxia (f)	галактика (ж)	[galáktika]
estrela (f)	звезда (ж)	[zvezdá]
constelação (f)	созвездие (с)	[sɔzvézdie]
planeta (m)	планета (ж)	[planéta]
satélite (m)	спутник (м)	[spútnik]
meteorito (m)	метеорит (м)	[meteɔrít]
cometa (m)	комета (ж)	[kɔméta]
asteroide (m)	астероид (м)	[astɛróid]
órbita (f)	орбита (ж)	[ɔrbíta]
girar (vi)	вращаться (нсв, возв)	[vraʃátsa]
atmosfera (f)	атмосфера (ж)	[atmɔsféra]
Sol (m)	Солнце (с)	[sóntse]
Sistema (m) Solar	Солнечная система (ж)	[sólnetʃnaja sistéma]
eclipse (m) solar	солнечное затмение (с)	[sólnetʃnɔe zatménie]
Terra (f)	Земля (ж)	[zemlʲá]
Lua (f)	Луна (ж)	[luná]
Marte (m)	Марс (м)	[márs]
Vênus (f)	Венера (ж)	[venéra]
Júpiter (m)	Юпитер (м)	[jupíter]
Saturno (m)	Сатурн (м)	[satúrn]
Mercúrio (m)	Меркурий (м)	[merkúrij]
Urano (m)	Уран (м)	[urán]
Netuno (m)	Нептун (м)	[neptún]
Plutão (m)	Плутон (м)	[plutón]
Via Láctea (f)	Млечный Путь (м)	[mlétʃnij pútʲ]
Ursa Maior (f)	Большая Медведица (ж)	[bɔlʲʃája medvéditsa]
Estrela Polar (f)	Полярная Звезда (ж)	[pɔlʲárnaja zvezdá]
marciano (m)	марсианин (м)	[marsiánin]

extraterrestre (m) — инопланетянин (м) — [inɔplanetʲánin]
alienígena (m) — пришелец (м) — [priʃǽleʦ]
disco (m) voador — летающая тарелка (ж) — [letájuʃʲaja tarélka]

espaçonave (f) — космический корабль (м) — [kɔsmítʃeskij kɔráblʲ]
estação (f) orbital — орбитальная станция (ж) — [ɔrbitálʲnaja stántsija]
lançamento (m) — старт (м) — [stárt]

motor (m) — двигатель (м) — [dvígatelʲ]
bocal (m) — сопло (с) — [sɔpló]
combustível (m) — топливо (с) — [tóplivɔ]

cabine (f) — кабина (ж) — [kabína]
antena (f) — антенна (ж) — [antǽna]
vigia (f) — иллюминатор (м) — [ilʲuminátɔr]
bateria (f) solar — солнечная батарея (ж) — [sólnetʃnaja bataréja]
traje (m) espacial — скафандр (м) — [skafándr]

imponderabilidade (f) — невесомость (ж) — [nevesómɔstʲ]
oxigênio (m) — кислород (м) — [kislɔród]

acoplagem (f) — стыковка (ж) — [stikófka]
fazer uma acoplagem — производить стыковку — [prɔizvɔdítʲ stikófku]

observatório (m) — обсерватория (ж) — [ɔpservatórija]
telescópio (m) — телескоп (м) — [teleskóp]
observar (vt) — наблюдать (нсв, нпх) — [nablʲudátʲ]
explorar (vt) — исследовать (н/св, пх) — [islédɔvatʲ]

123. A Terra

Terra (f) — Земля (ж) — [zemlʲá]
globo terrestre (Terra) — земной шар (м) — [zemnój ʃár]
planeta (m) — планета (ж) — [planéta]

atmosfera (f) — атмосфера (ж) — [atmɔsféra]
geografia (f) — география (ж) — [geɔgráfija]
natureza (f) — природа (ж) — [priróda]

globo (mapa esférico) — глобус (м) — [glóbus]
mapa (m) — карта (ж) — [kárta]
atlas (m) — атлас (м) — [átlas]

Europa (f) — Европа (ж) — [evrópa]
Ásia (f) — Азия (ж) — [ázija]
África (f) — Африка (ж) — [áfrika]
Austrália (f) — Австралия (ж) — [afstrálija]

América (f) — Америка (ж) — [amérika]
América (f) do Norte — Северная Америка (ж) — [sévernaja amérika]
América (f) do Sul — Южная Америка (ж) — [júʒnaja amérika]

Antártida (f) — Антарктида (ж) — [antarktída]
Ártico (m) — Арктика (ж) — [árktika]

124. Pontos cardeais

norte (m)	север (м)	[séver]
para norte	на север	[na séver]
no norte	на севере	[na sévere]
do norte (adj)	северный	[sévernij]
sul (m)	юг (м)	[júg]
para sul	на юг	[na júg]
no sul	на юге	[na júge]
do sul (adj)	южный	[júʒnij]
oeste, ocidente (m)	запад (м)	[západ]
para oeste	на запад	[na západ]
no oeste	на западе	[na západe]
ocidental (adj)	западный	[západnij]
leste, oriente (m)	восток (м)	[vɔstók]
para leste	на восток	[na vɔstók]
no leste	на востоке	[na vɔstóke]
oriental (adj)	восточный	[vɔstótʃnij]

125. Mar. Oceano

mar (m)	море (с)	[móre]
oceano (m)	океан (м)	[ɔkeán]
golfo (m)	залив (м)	[zalíf]
estreito (m)	пролив (м)	[prolíf]
terra (f) firme	земля (ж), суша (ж)	[zemlʲá], [súʃa]
continente (m)	материк (м)	[materík]
ilha (f)	остров (м)	[óstrɔf]
península (f)	полуостров (м)	[pɔlu·óstrɔf]
arquipélago (m)	архипелаг (м)	[arhipelág]
baía (f)	бухта (ж)	[búhta]
porto (m)	гавань (ж)	[gávanʲ]
lagoa (f)	лагуна (ж)	[lagúna]
cabo (m)	мыс (м)	[mɨs]
atol (m)	атолл (м)	[atól]
recife (m)	риф (м)	[ríf]
coral (m)	коралл (м)	[kɔrál]
recife (m) de coral	коралловый риф (м)	[kɔrálovij ríf]
profundo (adj)	глубокий	[glubókij]
profundidade (f)	глубина (ж)	[glubiná]
abismo (m)	бездна (ж)	[bézdna]
fossa (f) oceânica	впадина (ж)	[fpádina]
corrente (f)	течение (с)	[tetʃénie]
banhar (vt)	омывать (нсв, пх)	[ɔmivátʲ]
litoral (m)	побережье (с)	[pɔberéʒje]

costa (f)	берег (м)	[béreg]
maré (f) alta	прилив (м)	[prilíf]
refluxo (m)	отлив (м)	[ɔtlíf]
restinga (f)	отмель (ж)	[ótmelʲ]
fundo (m)	дно (с)	[dnó]

onda (f)	волна (ж)	[vɔlná]
crista (f) da onda	гребень (м) волны	[grébenʲ vɔlnɨ̄]
espuma (f)	пена (ж)	[péna]

tempestade (f)	буря (ж)	[búrʲa]
furacão (m)	ураган (м)	[uragán]
tsunami (m)	цунами (с)	[tsunámi]
calmaria (f)	штиль (м)	[ʃtílʲ]
calmo (adj)	спокойный	[spɔkójnij]

| polo (m) | полюс (м) | [pólʲus] |
| polar (adj) | полярный | [pɔlʲárnij] |

latitude (f)	широта (ж)	[ʃirɔtá]
longitude (f)	долгота (ж)	[dɔlgɔtá]
paralela (f)	параллель (ж)	[paralélʲ]
equador (m)	экватор (м)	[ɛkvátɔr]

céu (m)	небо (с)	[nébɔ]
horizonte (m)	горизонт (м)	[gɔrizónt]
ar (m)	воздух (м)	[vózduh]

farol (m)	маяк (м)	[maják]
mergulhar (vi)	нырять (нсв, нпх)	[nirʲátʲ]
afundar-se (vr)	затонуть (св, нпх)	[zatɔnútʲ]
tesouros (m pl)	сокровища (мн)	[sɔkróviʃa]

126. Nomes de Mares e Oceanos

Oceano (m) Atlântico	Атлантический океан (м)	[atlantítʃeskij ɔkeán]
Oceano (m) Índico	Индийский океан (м)	[indíjskij ɔkeán]
Oceano (m) Pacífico	Тихий океан (м)	[tíhij ɔkeán]
Oceano (m) Ártico	Северный Ледовитый океан (м)	[sévernij ledɔvítij ɔkeán]

Mar (m) Negro	Чёрное море (с)	[tʃórnɔe móre]
Mar (m) Vermelho	Красное море (с)	[krásnɔe móre]
Mar (m) Amarelo	Жёлтое море (с)	[ʒóltɔe móre]
Mar (m) Branco	Белое море (с)	[bélɔe móre]

Mar (m) Cáspio	Каспийское море (с)	[kaspíjskɔe móre]
Mar (m) Morto	Мёртвое море (с)	[mórtvɔe móre]
Mar (m) Mediterrâneo	Средиземное море (с)	[sredizémnɔe móre]

Mar (m) Egeu	Эгейское море (с)	[ɛgéjskɔe móre]
Mar (m) Adriático	Адриатическое море (с)	[adriatítʃeskɔe móre]
Mar (m) Arábico	Аравийское море (с)	[aravíjskɔe móre]
Mar (m) do Japão	японское море (с)	[jɪpónskɔe móre]

| Mar (m) de Bering | Берингово море (c) | [béringɔvɔ móre] |
| Mar (m) da China Meridional | Южно-Китайское море (c) | [júʒnɔ-kitájskɔe móre] |

Mar (m) de Coral	Коралловое море (c)	[kɔrálɔvɔe móre]
Mar (m) de Tasman	Тасманово море (c)	[tasmánɔvɔ móre]
Mar (m) do Caribe	Карибское море (c)	[karíbskɔe móre]

| Mar (m) de Barents | Баренцево море (c) | [bárentsɛvɔ móre] |
| Mar (m) de Kara | Карское море (c) | [kárskɔe móre] |

Mar (m) do Norte	Северное море (c)	[sévernɔe móre]
Mar (m) Báltico	Балтийское море (c)	[baltíjskɔe móre]
Mar (m) da Noruega	Норвежское море (c)	[nɔrvéʒskɔe móre]

127. Montanhas

montanha (f)	гора (ж)	[gɔrá]
cordilheira (f)	горная цепь (ж)	[górnaja tsǽpʲ]
serra (f)	горный хребет (м)	[górnij hrebét]

cume (m)	вершина (ж)	[verʃína]
pico (m)	пик (м)	[pík]
pé (m)	подножие (c)	[pɔdnóʒie]
declive (m)	склон (м)	[sklón]

vulcão (m)	вулкан (м)	[vulkán]
vulcão (m) ativo	действующий вулкан (м)	[déjstvujuʃij vulkán]
vulcão (m) extinto	потухший вулкан (м)	[pɔtúhʃij vulkán]

erupção (f)	извержение (c)	[izverʒǽnie]
cratera (f)	кратер (м)	[krátɛr]
magma (m)	магма (ж)	[mágma]
lava (f)	лава (ж)	[láva]
fundido (lava ~a)	раскалённый	[raskalǿnnij]

cânion, desfiladeiro (m)	каньон (м)	[kanjón]
garganta (f)	ущелье (c)	[uʃʲèlje]
fenda (f)	расщелина (ж)	[raʃʲélina]

passo, colo (m)	перевал (м)	[perevál]
planalto (m)	плато (c)	[plató]
falésia (f)	скала (ж)	[skalá]
colina (f)	холм (м)	[hólm]

geleira (f)	ледник (м)	[ledník]
cachoeira (f)	водопад (м)	[vɔdɔpád]
gêiser (m)	гейзер (м)	[géjzer]
lago (m)	озеро (c)	[ózerɔ]

planície (f)	равнина (ж)	[ravnína]
paisagem (f)	пейзаж (м)	[pejzáʃ]
eco (m)	эхо (c)	[ǽhɔ]
alpinista (m)	альпинист (м)	[alʲpiníst]
escalador (m)	скалолаз (м)	[skalɔlás]

| conquistar (vt) | покорять (нсв, пх) | [pɔkɔrʲátʲ] |
| subida, escalada (f) | восхождение (с) | [vɔsxɔʒdénie] |

128. Nomes de montanhas

Alpes (m pl)	Альпы (мн)	[álʲpɨ]
Monte Branco (m)	Монблан (м)	[mɔnblán]
Pirineus (m pl)	Пиренеи (мн)	[pirenéi]

Cárpatos (m pl)	Карпаты (мн)	[karpátɨ]
Urais (m pl)	Уральские горы (мн)	[urálʲskie górɨ]
Cáucaso (m)	Кавказ (м)	[kafkás]
Elbrus (m)	Эльбрус (м)	[ɛlʲbrús]

Altai (m)	Алтай (м)	[altáj]
Tian Shan (m)	Тянь-Шань (ж)	[tʲánʲ-ʃánʲ]
Pamir (m)	Памир (м)	[pamír]
Himalaia (m)	Гималаи (мн)	[gimalái]
monte Everest (m)	Эверест (м)	[ɛverést]

| Cordilheira (f) dos Andes | Анды (мн) | [ándɨ] |
| Kilimanjaro (m) | Килиманджаро (ж) | [kilimandʒárɔ] |

129. Rios

rio (m)	река (ж)	[reká]
fonte, nascente (f)	источник (м)	[istótʃnik]
leito (m) de rio	русло (с)	[rúslɔ]
bacia (f)	бассейн (м)	[basǽjn]
desaguar no ...	впадать в ... (нсв)	[fpadátʲ f ...]

| afluente (m) | приток (м) | [pritók] |
| margem (do rio) | берег (м) | [béreg] |

corrente (f)	течение (с)	[tetʃénie]
rio abaixo	вниз по течению	[vnís pɔ tetʃéniju]
rio acima	вверх по течению	[vvérh pɔ tetʃéniju]

inundação (f)	наводнение (с)	[navɔdnénie]
cheia (f)	половодье (с)	[pɔlɔvódje]
transbordar (vi)	разливаться (нсв, возв)	[razlivátsa]
inundar (vt)	затоплять (нсв, пх)	[zatɔplʲátʲ]

| banco (m) de areia | мель (ж) | [mélʲ] |
| corredeira (f) | порог (м) | [pɔróg] |

barragem (f)	плотина (ж)	[plɔtína]
canal (m)	канал (м)	[kanál]
reservatório (m) de água	водохранилище (с)	[vódɔ·hraníliʃe]
eclusa (f)	шлюз (м)	[ʃlʲús]
corpo (m) de água	водоём (м)	[vɔdɔjóm]
pântano (m)	болото (с)	[bɔlótɔ]

| lamaçal (m) | трясина (ж) | [trɪsína] |
| redemoinho (m) | водоворот (м) | [vɔdɔvɔrót] |

riacho (m)	ручей (м)	[rutʃéj]
potável (adj)	питьевой	[pitjevój]
doce (água)	пресный	[présnij]

| gelo (m) | лёд (м) | [lʲód] |
| congelar-se (vr) | замёрзнуть (св, нпх) | [zamʲórznutʲ] |

130. Nomes de rios

| rio Sena (m) | Сена (ж) | [séna] |
| rio Loire (m) | Луара (ж) | [luára] |

rio Tâmisa (m)	Темза (ж)	[tǽmza]
rio Reno (m)	Рейн (м)	[rǽjn]
rio Danúbio (m)	Дунай (м)	[dunáj]

rio Volga (m)	Волга (ж)	[vólga]
rio Don (m)	Дон (м)	[dón]
rio Lena (m)	Лена (ж)	[léna]

rio Amarelo (m)	Хуанхэ (ж)	[huanhǽ]
rio Yangtzé (m)	янцзы (ж)	[jɪntszī]
rio Mekong (m)	Меконг (м)	[mekóng]
rio Ganges (m)	Ганг (м)	[gáng]

rio Nilo (m)	Нил (м)	[níl]
rio Congo (m)	Конго (ж)	[kóngɔ]
rio Cubango (m)	Окаванго (ж)	[ɔkavángɔ]
rio Zambeze (m)	Замбези (ж)	[zambézi]
rio Limpopo (m)	Лимпопо (ж)	[limpɔpó]
rio Mississippi (m)	Миссисипи (ж)	[misisípi]

131. Floresta

| floresta (f), bosque (m) | лес (м) | [lés] |
| florestal (adj) | лесной | [lesnój] |

mata (f) fechada	чаща (ж)	[tʃáʃa]
arvoredo (m)	роща (ж)	[róʃa]
clareira (f)	поляна (ж)	[polʲána]

| matagal (m) | заросли (мн) | [zárɔsli] |
| mato (m), caatinga (f) | кустарник (м) | [kustárnik] |

| pequena trilha (f) | тропинка (ж) | [trɔpínka] |
| ravina (f) | овраг (м) | [ɔvrág] |

| árvore (f) | дерево (с) | [dérevɔ] |
| folha (f) | лист (м) | [líst] |

folhagem (f)	листва (ж)	[listvá]
queda (f) das folhas	листопад (м)	[listɔpád]
cair (vi)	опадать (нсв, нпх)	[ɔpadátʲ]
topo (m)	верхушка (ж)	[verhúʃka]

ramo (m)	ветка (ж)	[vétka]
galho (m)	сук (м)	[súk]
botão (m)	почка (ж)	[pótʃka]
agulha (f)	игла (ж)	[iglá]
pinha (f)	шишка (ж)	[ʃíʃka]

buraco (m) de árvore	дупло (с)	[dupló]
ninho (m)	гнездо (с)	[gnezdó]
toca (f)	нора (ж)	[nɔrá]

tronco (m)	ствол (м)	[stvól]
raiz (f)	корень (м)	[kórenʲ]
casca (f) de árvore	кора (ж)	[kɔrá]
musgo (m)	мох (м)	[móh]

arrancar pela raiz	корчевать (нсв, пх)	[kɔrtʃevátʲ]
cortar (vt)	рубить (нсв, пх)	[rubítʲ]
desflorestar (vt)	вырубать лес	[virubátʲ lʲés]
toco, cepo (m)	пень (м)	[pénʲ]

fogueira (f)	костёр (м)	[kɔstǿr]
incêndio (m) florestal	пожар (м)	[pɔʒár]
apagar (vt)	тушить (нсв, пх)	[tuʃítʲ]

guarda-parque (m)	лесник (м)	[lesník]
proteção (f)	охрана (ж)	[ɔhrána]
proteger (a natureza)	охранять (нсв, пх)	[ɔhranʲátʲ]
caçador (m) furtivo	браконьер (м)	[brakɔnjér]
armadilha (f)	капкан (м)	[kapkán]

| colher (cogumelos, bagas) | собирать (нсв, пх) | [sɔbirátʲ] |
| perder-se (vr) | заблудиться (св, возв) | [zabludítsa] |

132. Recursos naturais

recursos (m pl) naturais	природные ресурсы (м мн)	[priródnie resúrsi]
minerais (m pl)	полезные ископаемые (с мн)	[poléznie iskɔpáemie]
depósitos (m pl)	залежи (мн)	[zálezi]
jazida (f)	месторождение (с)	[mestɔrɔʒdénie]

extrair (vt)	добывать (нсв, пх)	[dɔbivátʲ]
extração (f)	добыча (ж)	[dɔbïtʃa]
minério (m)	руда (ж)	[rudá]
mina (f)	рудник (м)	[rudník]
poço (m) de mina	шахта (ж)	[ʃáhta]
mineiro (m)	шахтёр (м)	[ʃahtǿr]
gás (m)	газ (м)	[gás]
gasoduto (m)	газопровод (м)	[gazo·prɔvód]

petróleo (m)	нефть (ж)	[néftʲ]
oleoduto (m)	нефтепровод (м)	[nefte·prɔvód]
poço (m) de petróleo	нефтяная вышка (ж)	[neftɪnája vɨ̄ʃka]
torre (f) petrolífera	буровая вышка (ж)	[burɔvája vɨ̄ʃka]
petroleiro (m)	танкер (м)	[tánker]

areia (f)	песок (м)	[pesók]
calcário (m)	известняк (м)	[izvesnʲák]
cascalho (m)	гравий (м)	[grávij]
turfa (f)	торф (м)	[tórf]
argila (f)	глина (ж)	[glína]
carvão (m)	уголь (м)	[úgɔlʲ]

ferro (m)	железо (с)	[ʒelézɔ]
ouro (m)	золото (с)	[zólɔtɔ]
prata (f)	серебро (с)	[serebró]
níquel (m)	никель (м)	[níkelʲ]
cobre (m)	медь (ж)	[métʲ]

zinco (m)	цинк (м)	[tsɨ̄nk]
manganês (m)	марганец (м)	[márganets]
mercúrio (m)	ртуть (ж)	[rtútʲ]
chumbo (m)	свинец (м)	[svinéts]

mineral (m)	минерал (м)	[minerál]
cristal (m)	кристалл (м)	[kristál]
mármore (m)	мрамор (м)	[mrámɔr]
urânio (m)	уран (м)	[urán]

A Terra. Parte 2

133. Tempo

tempo (m)	погода (ж)	[pɔgóda]
previsão (f) do tempo	прогноз (м) погоды	[prɔgnós pɔgódi]
temperatura (f)	температура (ж)	[temperatúra]
termômetro (m)	термометр (м)	[termómetr]
barômetro (m)	барометр (м)	[barómetr]
úmido (adj)	влажный	[vláʒnij]
umidade (f)	влажность (ж)	[vláʒnɔstʲ]
calor (m)	жара (ж)	[ʒará]
tórrido (adj)	жаркий	[ʒárkij]
está muito calor	жарко	[ʒárkɔ]
está calor	тепло	[tepló]
quente (morno)	тёплый	[tǿplij]
está frio	холодно	[hólɔdnɔ]
frio (adj)	холодный	[hɔlódnij]
sol (m)	солнце (с)	[sóntse]
brilhar (vi)	светить (нсв, нпх)	[svetítʲ]
de sol, ensolarado	солнечный	[sólnetʃnij]
nascer (vi)	взойти (св, нпх)	[vzɔjtí]
pôr-se (vr)	сесть (св, нпх)	[séstʲ]
nuvem (f)	облако (с)	[óblakɔ]
nublado (adj)	облачный	[óblatʃnij]
nuvem (f) preta	туча (ж)	[tútʃa]
escuro, cinzento (adj)	пасмурный	[pásmurnij]
chuva (f)	дождь (м)	[dóʃtʲ], [dóʃ]
está a chover	идёт дождь	[idǿt dóʃtʲ]
chuvoso (adj)	дождливый	[dɔʒdlívij]
chuviscar (vi)	моросить (нсв, нпх)	[mɔrɔsítʲ]
chuva (f) torrencial	проливной дождь (м)	[prɔlivnój dóʃtʲ]
aguaceiro (m)	ливень (м)	[lívenʲ]
forte (chuva, etc.)	сильный	[sílʲnij]
poça (f)	лужа (ж)	[lúʒa]
molhar-se (vr)	промокнуть (св, нпх)	[prɔmóknutʲ]
nevoeiro (m)	туман (м)	[tumán]
de nevoeiro	туманный	[tumánnij]
neve (f)	снег (м)	[snég]
está nevando	идёт снег	[idǿt snég]

134. Tempo extremo. Catástrofes naturais

trovoada (f)	гроза (ж)	[grɔzá]
relâmpago (m)	молния (ж)	[mólnija]
relampejar (vi)	сверкать (нсв, нпх)	[sverkátʲ]
trovão (m)	гром (м)	[gróm]
trovejar (vi)	греметь (нсв, нпх)	[gremétʲ]
está trovejando	гремит гром	[gremít gróm]
granizo (m)	град (м)	[grád]
está caindo granizo	идёт град	[idǿt grád]
inundar (vt)	затопить (св, пх)	[zatɔpítʲ]
inundação (f)	наводнение (с)	[navɔdnénie]
terremoto (m)	землетрясение (с)	[zemletrɪsénie]
abalo, tremor (m)	толчок (м)	[tɔltʃók]
epicentro (m)	эпицентр (м)	[ɛpitsǽntr]
erupção (f)	извержение (с)	[izverʒǽnie]
lava (f)	лава (ж)	[láva]
tornado (m)	смерч (м)	[smértʃ]
tornado (m)	торнадо (м)	[tɔrnádɔ]
tufão (m)	тайфун (м)	[tajfún]
furacão (m)	ураган (м)	[uragán]
tempestade (f)	буря (ж)	[búrʲa]
tsunami (m)	цунами (с)	[tsunámi]
ciclone (m)	циклон (м)	[tsiklón]
mau tempo (m)	непогода (ж)	[nepɔgóda]
incêndio (m)	пожар (м)	[pɔʒár]
catástrofe (f)	катастрофа (ж)	[katastrófa]
meteorito (m)	метеорит (м)	[meteɔrít]
avalanche (f)	лавина (ж)	[lavína]
deslizamento (m) de neve	обвал (м)	[ɔbvál]
nevasca (f)	метель (ж)	[metélʲ]
tempestade (f) de neve	вьюга (ж)	[vjúga]

Fauna

predador (m)	хищник (м)	[híʃnik]
tigre (m)	тигр (м)	[tígr]
leão (m)	лев (м)	[léf]
lobo (m)	волк (м)	[vólk]
raposa (f)	лиса (ж)	[lisá]
jaguar (m)	ягуар (м)	[jɪguár]
leopardo (m)	леопард (м)	[leɔpárd]
chita (f)	гепард (м)	[gepárd]
pantera (f)	пантера (ж)	[pantǽra]
puma (m)	пума (ж)	[púma]
leopardo-das-neves (m)	снежный барс (м)	[snéʒnij bárs]
lince (m)	рысь (ж)	[rĩsʲ]
coiote (m)	койот (м)	[kɔjót]
chacal (m)	шакал (м)	[ʃakál]
hiena (f)	гиена (ж)	[giéna]

animal (m)	животное (с)	[ʒivótnɔe]
besta (f)	зверь (м)	[zvérʲ]
esquilo (m)	белка (ж)	[bélka]
ouriço (m)	ёж (м)	[jóʃ]
lebre (f)	заяц (м)	[záɪts]
coelho (m)	кролик (м)	[królik]
texugo (m)	барсук (м)	[barsúk]
guaxinim (m)	енот (м)	[enót]
hamster (m)	хомяк (м)	[hɔmʲák]
marmota (f)	сурок (м)	[surók]
toupeira (f)	крот (м)	[krót]
rato (m)	мышь (ж)	[mĩʃ]
ratazana (f)	крыса (ж)	[krĩsa]
morcego (m)	летучая мышь (ж)	[letútʃaja mĩʃ]
arminho (m)	горностай (м)	[gɔrnɔstáj]
zibelina (f)	соболь (м)	[sóbɔlʲ]
marta (f)	куница (ж)	[kunítsa]
doninha (f)	ласка (ж)	[láska]
visom (m)	норка (ж)	[nórka]

| castor (m) | бобр (м) | [bóbr] |
| lontra (f) | выдра (ж) | [vĩdra] |

cavalo (m)	лошадь (ж)	[lóʃatʲ]
alce (m)	лось (м)	[lósʲ]
veado (m)	олень (м)	[ɔlénʲ]
camelo (m)	верблюд (м)	[verblʲúd]

bisão (m)	бизон (м)	[bizón]
auroque (m)	зубр (м)	[zúbr]
búfalo (m)	буйвол (м)	[bújvɔl]

zebra (f)	зебра (ж)	[zébra]
antílope (m)	антилопа (ж)	[antilópa]
corça (f)	косуля (ж)	[kɔsúlʲa]
gamo (m)	лань (ж)	[lánʲ]
camurça (f)	серна (ж)	[sérna]
javali (m)	кабан (м)	[kabán]

baleia (f)	кит (м)	[kít]
foca (f)	тюлень (м)	[tʲulénʲ]
morsa (f)	морж (м)	[mórʃ]
urso-marinho (m)	котик (м)	[kótik]
golfinho (m)	дельфин (м)	[delʲfín]

urso (m)	медведь (м)	[medvétʲ]
urso (m) polar	белый медведь (м)	[bélij medvétʲ]
panda (m)	панда (ж)	[pánda]

macaco (m)	обезьяна (ж)	[ɔbezjána]
chimpanzé (m)	шимпанзе (с)	[ʃimpanzǽ]
orangotango (m)	орангутанг (м)	[ɔrangutáng]
gorila (m)	горилла (ж)	[gɔríla]
macaco (m)	макака (ж)	[makáka]
gibão (m)	гиббон (м)	[gibón]

elefante (m)	слон (м)	[slón]
rinoceronte (m)	носорог (м)	[nɔsɔróg]
girafa (f)	жираф (м)	[ʒiráf]
hipopótamo (m)	бегемот (м)	[begemót]

| canguru (m) | кенгуру (м) | [kengurú] |
| coala (m) | коала (ж) | [kɔála] |

mangusto (m)	мангуст (м)	[mangúst]
chinchila (f)	шиншилла (ж)	[ʃinʃíla]
cangambá (f)	скунс (м)	[skúns]
porco-espinho (m)	дикобраз (м)	[dikɔbrás]

137. Animais domésticos

gata (f)	кошка (ж)	[kóʃka]
gato (m) macho	кот (м)	[kót]
cavalo (m)	лошадь (ж)	[lóʃatʲ]

garanhão (m)	жеребец (м)	[ʒerebéts]
égua (f)	кобыла (ж)	[kɔbɨla]
vaca (f)	корова (ж)	[kɔróva]
touro (m)	бык (м)	[bɨk]
boi (m)	вол (м)	[vól]
ovelha (f)	овца (ж)	[ɔftsá]
carneiro (m)	баран (м)	[barán]
cabra (f)	коза (ж)	[kɔzá]
bode (m)	козёл (м)	[kɔzǿl]
burro (m)	осёл (м)	[ɔsǿl]
mula (f)	мул (м)	[múl]
porco (m)	свинья (ж)	[svinjá]
leitão (m)	поросёнок (м)	[pɔrɔsǿnɔk]
coelho (m)	кролик (м)	[królik]
galinha (f)	курица (ж)	[kúritsa]
galo (m)	петух (м)	[petúh]
pata (f), pato (m)	утка (ж)	[útka]
pato (m)	селезень (м)	[sélezenʲ]
ganso (m)	гусь (м)	[gúsʲ]
peru (m)	индюк (м)	[indʲúk]
perua (f)	индюшка (ж)	[indʲúʃka]
animais (m pl) domésticos	домашние животные (с мн)	[dɔmáʃnie ʒivótnie]
domesticado (adj)	ручной	[rutʃnój]
domesticar (vt)	приручать (нсв, пх)	[prirutʃátʲ]
criar (vt)	выращивать (нсв, пх)	[viráʃivatʲ]
fazenda (f)	ферма (ж)	[férma]
aves (f pl) domésticas	домашняя птица (ж)	[dɔmáʃnʲaja ptítsa]
gado (m)	скот (м)	[skót]
rebanho (m), manada (f)	стадо (с)	[stádɔ]
estábulo (m)	конюшня (ж)	[kɔnʲúʃnʲa]
chiqueiro (m)	свинарник (м)	[svinárnik]
estábulo (m)	коровник (м)	[kɔróvnik]
coelheira (f)	крольчатник (м)	[krɔlʲtʃátnik]
galinheiro (m)	курятник (м)	[kurʲátnik]

138. Pássaros

pássaro (m), ave (f)	птица (ж)	[ptítsa]
pombo (m)	голубь (м)	[gólupʲ]
pardal (m)	воробей (м)	[vɔrɔbéj]
chapim-real (m)	синица (ж)	[sinítsa]
pega-rabuda (f)	сорока (ж)	[sɔróka]
corvo (m)	ворон (м)	[vórɔn]
gralha-cinzenta (f)	ворона (ж)	[vɔróna]

gralha-de-nuca-cinzenta (f)	галка (ж)	[gálka]
gralha-calva (f)	грач (м)	[grátʃ]
pato (m)	утка (ж)	[útka]
ganso (m)	гусь (м)	[gúsʲ]
faisão (m)	фазан (м)	[fazán]
águia (f)	орёл (м)	[ɔrǿl]
açor (m)	ястреб (м)	[jástreb]
falcão (m)	сокол (м)	[sókɔl]
abutre (m)	гриф (м)	[gríf]
condor (m)	кондор (м)	[kóndɔr]
cisne (m)	лебедь (м)	[lébetʲ]
grou (m)	журавль (м)	[ʒurávlʲ]
cegonha (f)	аист (м)	[áist]
papagaio (m)	попугай (м)	[pɔpugáj]
beija-flor (m)	колибри (ж)	[kɔlíbri]
pavão (m)	павлин (м)	[pavlín]
avestruz (m)	страус (м)	[stráus]
garça (f)	цапля (ж)	[tsáplʲa]
flamingo (m)	фламинго (с)	[flamíngɔ]
pelicano (m)	пеликан (м)	[pelikán]
rouxinol (m)	соловей (м)	[sɔlɔvéj]
andorinha (f)	ласточка (ж)	[lástɔtʃka]
tordo-zornal (m)	дрозд (м)	[drózd]
tordo-músico (m)	певчий дрозд (м)	[péftʃij drózd]
melro-preto (m)	чёрный дрозд (м)	[tʃórnʲj drózd]
andorinhão (m)	стриж (м)	[stríʃ]
cotovia (f)	жаворонок (м)	[ʒávɔrɔnɔk]
codorna (f)	перепел (м)	[pérepel]
pica-pau (m)	дятел (м)	[dʲátel]
cuco (m)	кукушка (ж)	[kukújka]
coruja (f)	сова (ж)	[sɔvá]
bufo-real (m)	филин (м)	[fílin]
tetraz-grande (m)	глухарь (м)	[gluhárʲ]
tetraz-lira (m)	тетерев (м)	[téteref]
perdiz-cinzenta (f)	куропатка (ж)	[kurɔpátka]
estorninho (m)	скворец (м)	[skvɔréts]
canário (m)	канарейка (ж)	[kanaréjka]
galinha-do-mato (f)	рябчик (м)	[rʲáptʃik]
tentilhão (m)	зяблик (м)	[zʲáblik]
dom-fafe (m)	снегирь (м)	[snegírʲ]
gaivota (f)	чайка (ж)	[tʃájka]
albatroz (m)	альбатрос (м)	[alʲbatrós]
pinguim (m)	пингвин (м)	[pingvín]

139. Peixes. Animais marinhos

brema (f)	лещ (м)	[léʃ]
carpa (f)	карп (м)	[kárp]
perca (f)	окунь (м)	[ókunʲ]
siluro (m)	сом (м)	[sóm]
lúcio (m)	щука (ж)	[ʃʲúka]
salmão (m)	лосось (м)	[lɔsósʲ]
esturjão (m)	осётр (м)	[ɔsǿtr]
arenque (m)	сельдь (ж)	[sélʲtʲ]
salmão (m) do Atlântico	сёмга (ж)	[sǿmga]
cavala, sarda (f)	скумбрия (ж)	[skúmbrija]
solha (f), linguado (m)	камбала (ж)	[kámbala]
lúcio perca (m)	судак (м)	[sudák]
bacalhau (m)	треска (ж)	[treská]
atum (m)	тунец (м)	[tunéʦ]
truta (f)	форель (ж)	[fɔrǽlʲ]
enguia (f)	угорь (м)	[úgɔrʲ]
raia (f) elétrica	электрический скат (м)	[ɛlektrítʃeskij skát]
moreia (f)	мурена (ж)	[muréna]
piranha (f)	пиранья (ж)	[piránja]
tubarão (m)	акула (ж)	[akúla]
golfinho (m)	дельфин (м)	[delʲfín]
baleia (f)	кит (м)	[kít]
caranguejo (m)	краб (м)	[kráb]
água-viva (f)	медуза (ж)	[medúza]
polvo (m)	осьминог (м)	[ɔsʲminóg]
estrela-do-mar (f)	морская звезда (ж)	[mɔrskája zvezdá]
ouriço-do-mar (m)	морской ёж (м)	[mɔrskój jóʃ]
cavalo-marinho (m)	морской конёк (м)	[mɔrskój kɔnǿk]
ostra (f)	устрица (ж)	[ústriʦa]
camarão (m)	креветка (ж)	[krevétka]
lagosta (f)	омар (м)	[ɔmár]
lagosta (f)	лангуст (м)	[langúst]

140. Anfíbios. Répteis

cobra (f)	змея (ж)	[zmejá]
venenoso (adj)	ядовитый	[jɪdɔvítij]
víbora (f)	гадюка (ж)	[gadʲúka]
naja (f)	кобра (ж)	[kóbra]
píton (m)	питон (м)	[pitón]
jiboia (f)	удав (м)	[udáf]
cobra-de-água (f)	уж (м)	[úʃ]

| cascavel (f) | гремучая змея (ж) | [gremútʃaja zmejá] |
| anaconda (f) | анаконда (ж) | [anakónda] |

lagarto (m)	ящерица (ж)	[jáʃeritsa]
iguana (f)	игуана (ж)	[iguána]
varano (m)	варан (м)	[varán]
salamandra (f)	саламандра (ж)	[salamándra]
camaleão (m)	хамелеон (м)	[hameleón]
escorpião (m)	скорпион (м)	[skɔrpión]

tartaruga (f)	черепаха (ж)	[tʃerepáha]
rã (f)	лягушка (ж)	[lɪgúʃka]
sapo (m)	жаба (ж)	[ʒába]
crocodilo (m)	крокодил (м)	[krɔkɔdíl]

141. Insetos

inseto (m)	насекомое (с)	[nasekómɔe]
borboleta (f)	бабочка (ж)	[bábɔtʃka]
formiga (f)	муравей (м)	[muravéj]
mosca (f)	муха (ж)	[múha]
mosquito (m)	комар (м)	[kɔmár]
escaravelho (m)	жук (м)	[ʒúk]

vespa (f)	оса (ж)	[ɔsá]
abelha (f)	пчела (ж)	[ptʃelá]
mamangaba (f)	шмель (м)	[ʃmélʲ]
moscardo (m)	овод (м)	[óvɔd]

| aranha (f) | паук (м) | [paúk] |
| teia (f) de aranha | паутина (ж) | [pautína] |

libélula (f)	стрекоза (ж)	[strekɔzá]
gafanhoto (m)	кузнечик (м)	[kuznétʃik]
traça (f)	мотылёк (м)	[mɔtilǿk]

barata (f)	таракан (м)	[tarakán]
carrapato (m)	клещ (м)	[kléʃʲ]
pulga (f)	блоха (ж)	[blɔhá]
borrachudo (m)	мошка (ж)	[móʃka]

gafanhoto (m)	саранча (ж)	[sarantʃá]
caracol (m)	улитка (ж)	[ulítka]
grilo (m)	сверчок (м)	[svertʃók]
pirilampo, vaga-lume (m)	светлячок (м)	[svetlɪtʃók]
joaninha (f)	божья коровка (ж)	[bóʒja korófka]
besouro (m)	майский жук (м)	[májskij ʒúk]

sanguessuga (f)	пиявка (ж)	[pijáfka]
lagarta (f)	гусеница (ж)	[gúsenitsa]
minhoca (f)	червь (м)	[tʃérfʲ]
larva (f)	личинка (ж)	[litʃínka]

Flora

142. Árvores

árvore (f)	дерево (с)	[dérevɔ]
decídua (adj)	лиственное	[lístvenɔe]
conífera (adj)	хвойное	[hvójnɔe]
perene (adj)	вечнозелёное	[vetʃnɔ·zelønɔe]
macieira (f)	яблоня (ж)	[jáblonʲa]
pereira (f)	груша (ж)	[grúʃa]
cerejeira (f)	черешня (ж)	[ʧeréʃnʲa]
ginjeira (f)	вишня (ж)	[víʃnʲa]
ameixeira (f)	слива (ж)	[slíva]
bétula (f)	берёза (ж)	[berøza]
carvalho (m)	дуб (м)	[dúb]
tília (f)	липа (ж)	[lípa]
choupo-tremedor (m)	осина (ж)	[ɔsína]
bordo (m)	клён (м)	[kløn]
espruce (m)	ель (ж)	[élʲ]
pinheiro (m)	сосна (ж)	[sɔsná]
alerce, lariço (m)	лиственница (ж)	[lístvenitsa]
abeto (m)	пихта (ж)	[píhta]
cedro (m)	кедр (м)	[kédr]
choupo, álamo (m)	тополь (м)	[tópɔlʲ]
tramazeira (f)	рябина (ж)	[rɪbína]
salgueiro (m)	ива (ж)	[íva]
amieiro (m)	ольха (ж)	[ɔlʲhá]
faia (f)	бук (м)	[búk]
ulmeiro, olmo (m)	вяз (м)	[vʲás]
freixo (m)	ясень (м)	[jásenʲ]
castanheiro (m)	каштан (м)	[kaʃtán]
magnólia (f)	магнолия (ж)	[magnólija]
palmeira (f)	пальма (ж)	[pálʲma]
cipreste (m)	кипарис (м)	[kiparís]
mangue (m)	мангровое дерево (с)	[mángrɔvɔe dérevɔ]
embondeiro, baobá (m)	баобаб (м)	[baɔbáb]
eucalipto (m)	эвкалипт (м)	[ɛfkalípt]
sequoia (f)	секвойя (ж)	[sekvója]

143. Arbustos

arbusto (m)	куст (м)	[kúst]
arbusto (m), moita (f)	кустарник (м)	[kustárnik]

| videira (f) | виноград (м) | [vinográd] |
| vinhedo (m) | виноградник (м) | [vinográdnik] |

framboeseira (f)	малина (ж)	[malína]
groselheira-negra (f)	чёрная смородина (ж)	[ʧórnaja smoródina]
groselheira-vermelha (f)	красная смородина (ж)	[krásnaja smoródina]
groselheira (f) espinhosa	крыжовник (м)	[kriʒóvnik]

acácia (f)	акация (ж)	[akáʦija]
bérberis (f)	барбарис (м)	[barbarís]
jasmim (m)	жасмин (м)	[ʒasmín]

junípero (m)	можжевельник (м)	[moʒevélʲnik]
roseira (f)	розовый куст (м)	[rózovij kúst]
roseira (f) brava	шиповник (м)	[ʃipóvnik]

144. Frutos. Bagas

maçã (f)	яблоко (с)	[jáblokɔ]
pera (f)	груша (ж)	[grúʃa]
ameixa (f)	слива (ж)	[slíva]

| morango (m) | клубника (ж) | [klubníka] |
| ginja (f) | вишня (ж) | [víʃnʲa] |

| cereja (f) | черешня (ж) | [ʧeréʃnʲa] |
| uva (f) | виноград (м) | [vinográd] |

framboesa (f)	малина (ж)	[malína]
groselha (f) negra	чёрная смородина (ж)	[ʧórnaja smoródina]
groselha (f) vermelha	красная смородина (ж)	[krásnaja smoródina]

| groselha (f) espinhosa | крыжовник (м) | [kriʒóvnik] |
| oxicoco (m) | клюква (ж) | [klʲúkva] |

laranja (f)	апельсин (м)	[apelʲsín]
tangerina (f)	мандарин (м)	[mandarín]
abacaxi (m)	ананас (м)	[ananás]

| banana (f) | банан (м) | [banán] |
| tâmara (f) | финик (м) | [fínik] |

limão (m)	лимон (м)	[limón]
damasco (m)	абрикос (м)	[abrikós]
pêssego (m)	персик (м)	[pérsik]

| quiuí (m) | киви (м) | [kívi] |
| toranja (f) | грейпфрут (м) | [gréjpfrut] |

baga (f)	ягода (ж)	[jágɔda]
bagas (f pl)	ягоды (ж мн)	[jágɔdi]
arando (m) vermelho	брусника (ж)	[brusníka]
morango-silvestre (m)	земляника (ж)	[zemlıníka]
mirtilo (m)	черника (ж)	[ʧerníka]

145. Flores. Plantas

| flor (f) | цветок (м) | [tsvetók] |
| buquê (m) de flores | букет (м) | [bukét] |

rosa (f)	роза (ж)	[róza]
tulipa (f)	тюльпан (м)	[tʲulʲpán]
cravo (m)	гвоздика (ж)	[gvɔzdíka]
gladíolo (m)	гладиолус (м)	[gladiólus]

centáurea (f)	василёк (м)	[vasilǿk]
campainha (f)	колокольчик (м)	[kɔlɔkólʲtʃik]
dente-de-leão (m)	одуванчик (м)	[ɔduvántʃik]
camomila (f)	ромашка (ж)	[rɔmáʃka]

aloé (m)	алоэ (с)	[alóɛ]
cacto (m)	кактус (м)	[káktus]
fícus (m)	фикус (м)	[fíkus]

lírio (m)	лилия (ж)	[lílija]
gerânio (m)	герань (ж)	[geránʲ]
jacinto (m)	гиацинт (м)	[giatsínt]

mimosa (f)	мимоза (ж)	[mimóza]
narciso (m)	нарцисс (м)	[nartsís]
capuchinha (f)	настурция (ж)	[nastúrtsija]

orquídea (f)	орхидея (ж)	[ɔrhidéja]
peônia (f)	пион (м)	[pión]
violeta (f)	фиалка (ж)	[fiálka]

amor-perfeito (m)	анютины глазки (мн)	[anʲútinɪ gláski]
não-me-esqueças (m)	незабудка (ж)	[nezabútka]
margarida (f)	маргаритка (ж)	[margarítka]

papoula (f)	мак (м)	[mák]
cânhamo (m)	конопля (ж)	[kɔnɔplʲá]
hortelã, menta (f)	мята (ж)	[mʲáta]

| lírio-do-vale (m) | ландыш (м) | [lándɪʃ] |
| campânula-branca (f) | подснежник (м) | [pɔtsnéʒnik] |

urtiga (f)	крапива (ж)	[krapíva]
azedinha (f)	щавель (м)	[ʃavélʲ]
nenúfar (m)	кувшинка (ж)	[kufʃínka]
samambaia (f)	папоротник (м)	[pápɔrtnik]
líquen (m)	лишайник (м)	[liʃájnik]

estufa (f)	оранжерея (ж)	[ɔranʒeréja]
gramado (m)	газон (м)	[gazón]
canteiro (m) de flores	клумба (ж)	[klúmba]

planta (f)	растение (с)	[rasténie]
grama (f)	трава (ж)	[travá]
folha (f) de grama	травинка (ж)	[travínka]

folha (f)	лист (м)	[líst]
pétala (f)	лепесток (м)	[lepestók]
talo (m)	стебель (м)	[stébelʲ]
tubérculo (m)	клубень (м)	[klúbenʲ]

| broto, rebento (m) | росток (м) | [rɔstók] |
| espinho (m) | шип (м) | [ʃíp] |

florescer (vi)	цвести (нсв, нпх)	[ʦvestí]
murchar (vi)	вянуть (нсв, нпх)	[vʲánutʲ]
cheiro (m)	запах (м)	[zápah]
cortar (flores)	срезать (св, пх)	[srézatʲ]
colher (uma flor)	сорвать (св, пх)	[sɔrvátʲ]

146. Cereais, grãos

grão (m)	зерно (с)	[zernó]
cereais (plantas)	зерновые растения (с мн)	[zernɔvīe rasténija]
espiga (f)	колос (м)	[kólɔs]

trigo (m)	пшеница (ж)	[pʃɛnítsa]
centeio (m)	рожь (ж)	[róʃ]
aveia (f)	овёс (м)	[ɔvǿs]
painço (m)	просо (с)	[prósɔ]
cevada (f)	ячмень (м)	[jɪʧménʲ]

milho (m)	кукуруза (ж)	[kukurúza]
arroz (m)	рис (м)	[rís]
trigo-sarraceno (m)	гречиха (ж)	[greʧíha]

ervilha (f)	горох (м)	[gɔróh]
feijão (m) roxo	фасоль (ж)	[fasólʲ]
soja (f)	соя (ж)	[sója]
lentilha (f)	чечевица (ж)	[ʧeʧevítsa]
feijão (m)	бобы (мн)	[bɔbī]

PAÍSES. NACIONALIDADES

147. Europa Ocidental

Europa (f)	Европа (ж)	[evrópa]
União (f) Europeia	Европейский Союз (м)	[evropéjskij sojús]
Áustria (f)	Австрия (ж)	[áfstrija]
Grã-Bretanha (f)	Великобритания (ж)	[velikobritánija]
Inglaterra (f)	Англия (ж)	[ánglija]
Bélgica (f)	Бельгия (ж)	[bélʲgija]
Alemanha (f)	Германия (ж)	[germánija]
Países Baixos (m pl)	Нидерланды (мн)	[niderlándi]
Holanda (f)	Голландия (ж)	[golándija]
Grécia (f)	Греция (ж)	[grétsija]
Dinamarca (f)	Дания (ж)	[dánija]
Irlanda (f)	Ирландия (ж)	[irlándija]
Islândia (f)	Исландия (ж)	[islándija]
Espanha (f)	Испания (ж)	[ispánija]
Itália (f)	Италия (ж)	[itálija]
Chipre (m)	Кипр (м)	[kípr]
Malta (f)	Мальта (ж)	[málʲta]
Noruega (f)	Норвегия (ж)	[norvégija]
Portugal (m)	Португалия (ж)	[portugálija]
Finlândia (f)	Финляндия (ж)	[finlʲándija]
França (f)	Франция (ж)	[fránfsija]
Suécia (f)	Швеция (ж)	[ʃvétsija]
Suíça (f)	Швейцария (ж)	[ʃvejfsárija]
Escócia (f)	Шотландия (ж)	[ʃotlándija]
Vaticano (m)	Ватикан (м)	[vatikán]
Liechtenstein (m)	Лихтенштейн (м)	[lihtɛnʃtǽjn]
Luxemburgo (m)	Люксембург (м)	[lʲuksembúrg]
Mônaco (m)	Монако (с)	[monákɔ]

148. Europa Central e de Leste

Albânia (f)	Албания (ж)	[albánija]
Bulgária (f)	Болгария (ж)	[bolgárija]
Hungria (f)	Венгрия (ж)	[véngrija]
Letônia (f)	Латвия (ж)	[látvija]
Lituânia (f)	Литва (ж)	[litvá]
Polônia (f)	Польша (ж)	[pólʲʃa]

Romênia (f)	Румыния (ж)	[rumĩnija]
Sérvia (f)	Сербия (ж)	[sérbija]
Eslováquia (f)	Словакия (ж)	[slɔvákija]

Croácia (f)	Хорватия (ж)	[hɔrvátija]
República (f) Checa	Чехия (ж)	[ʧéhija]
Estônia (f)	Эстония (ж)	[ɛstónija]

Bósnia e Herzegovina (f)	Босния и Герцеговина (ж)	[bósnija i gertsɛgovína]
Macedônia (f)	Македония (ж)	[makedónija]
Eslovênia (f)	Словения (ж)	[slɔvénija]
Montenegro (m)	Черногория (ж)	[ʧernɔgórija]

149. Países da ex-URSS

| Azerbaijão (m) | Азербайджан (м) | [azerbajdʒán] |
| Armênia (f) | Армения (ж) | [arménija] |

Belarus	Беларусь (ж)	[belarúsʲ]
Geórgia (f)	Грузия (ж)	[grúzija]
Cazaquistão (m)	Казахстан (м)	[kazahstán]
Quirguistão (m)	Кыргызстан (м)	[kirgizstán]
Moldávia (f)	Молдова (ж)	[mɔldóva]

| Rússia (f) | Россия (ж) | [rɔsíja] |
| Ucrânia (f) | Украина (ж) | [ukraína] |

Tajiquistão (m)	Таджикистан (м)	[tadʒikistán]
Turquemenistão (m)	Туркмения (ж)	[turkménija]
Uzbequistão (f)	Узбекистан (м)	[uzbekistán]

150. Asia

Ásia (f)	Азия (ж)	[ázija]
Vietnã (m)	Вьетнам (м)	[vjetnám]
Índia (f)	Индия (ж)	[índija]
Israel (m)	Израиль (м)	[izráilʲ]

China (f)	Китай (м)	[kitáj]
Líbano (m)	Ливан (м)	[liván]
Mongólia (f)	Монголия (ж)	[mɔngólija]

| Malásia (f) | Малайзия (ж) | [malájzija] |
| Paquistão (m) | Пакистан (м) | [pakistán] |

Arábia (f) Saudita	Саудовская Аравия (ж)	[saúdɔfskaja arávija]
Tailândia (f)	Таиланд (м)	[tailánd]
Taiwan (m)	Тайвань (м)	[tajvánʲ]
Turquia (f)	Турция (ж)	[túrtsija]
Japão (m)	япония (ж)	[jɪpónija]
Afeganistão (m)	Афганистан (м)	[afganistán]
Bangladesh (m)	Бангладеш (м)	[bangladéʃ]

Indonésia (f)	Индонезия (ж)	[indɔnézija]
Jordânia (f)	Иордания (ж)	[iɔrdánija]
Iraque (m)	Ирак (м)	[irák]
Irã (m)	Иран (м)	[irán]
Camboja (f)	Камбоджа (ж)	[kambódʒa]
Kuwait (m)	Кувейт (м)	[kuvéjt]
Laos (m)	Лаос (м)	[laós]
Birmânia (f)	Мьянма (ж)	[mjánma]
Nepal (m)	Непал (м)	[nepál]
Emirados Árabes Unidos	Объединённые Арабские Эмираты (мн)	[ɔbjedinǿnnie arápskie ɛmiráti]
Síria (f)	Сирия (ж)	[sírija]
Palestina (f)	Палестина (ж)	[palestína]
Coreia (f) do Sul	Южная Корея (ж)	[júʒnaja kɔréja]
Coreia (f) do Norte	Северная Корея (ж)	[sévernaja kɔréja]

151. América do Norte

Estados Unidos da América	Соединённые Штаты (мн) Америки	[sɔedinǿnnie ʃtáti amériki]
Canadá (m)	Канада (ж)	[kanáda]
México (m)	Мексика (ж)	[méksika]

152. América Central do Sul

Argentina (f)	Аргентина (ж)	[argentína]
Brasil (m)	Бразилия (ж)	[brazílija]
Colômbia (f)	Колумбия (ж)	[kɔlúmbija]
Cuba (f)	Куба (ж)	[kúba]
Chile (m)	Чили (ж)	[ʧíli]
Bolívia (f)	Боливия (ж)	[bɔlívija]
Venezuela (f)	Венесуэла (ж)	[venesuǽla]
Paraguai (m)	Парагвай (м)	[paragváj]
Peru (m)	Перу (с)	[perú]
Suriname (m)	Суринам (м)	[surinám]
Uruguai (m)	Уругвай (м)	[urugváj]
Equador (m)	Эквадор (м)	[ɛkvadór]
Bahamas (f pl)	Багамские острова (ж)	[bagámskie ɔstrɔvá]
Haiti (m)	Гаити (м)	[gaíti]
República Dominicana	Доминиканская республика (ж)	[dɔminikánskaja respública]
Panamá (m)	Панама (ж)	[panáma]
Jamaica (f)	ямайка (ж)	[jﻨmájka]

153. Africa

Egito (m)	Египет (м)	[egípet]
Marrocos	Марокко (с)	[marókɔ]
Tunísia (f)	Тунис (м)	[tunís]

Gana (f)	Гана (ж)	[gána]
Zanzibar (m)	Занзибар (м)	[zanzibár]
Quênia (f)	Кения (ж)	[kénija]
Líbia (f)	Ливия (ж)	[lívija]
Madagascar (m)	Мадагаскар (м)	[madagaskár]

Namíbia (f)	Намибия (ж)	[namíbija]
Senegal (m)	Сенегал (м)	[senegál]
Tanzânia (f)	Танзания (ж)	[tanzánija]
África (f) do Sul	ЮАР (ж)	[juár]

154. Austrália. Oceania

| Austrália (f) | Австралия (ж) | [afstrálija] |
| Nova Zelândia (f) | Новая Зеландия (ж) | [nóvaja zelándija] |

| Tasmânia (f) | Тасмания (ж) | [tasmánija] |
| Polinésia (f) Francesa | Французская Полинезия (ж) | [frantsúskaja polinǽzija] |

155. Cidades

Amesterdã, Amsterdã	Амстердам (м)	[amstɛrdám]
Ancara	Анкара (ж)	[ankará]
Atenas	Афины (мн)	[afíni]
Bagdade	Багдад (м)	[bagdád]
Bancoque	Бангкок (м)	[bankók]

Barcelona	Барселона (ж)	[barselóna]
Beirute	Бейрут (м)	[bejrút]
Berlim	Берлин (м)	[berlín]
Bonn	Бонн (м)	[bónn]
Bordéus	Бордо (м)	[bɔrdó]

Bratislava	Братислава (ж)	[bratisláva]
Bruxelas	Брюссель (м)	[brʲusélʲ]
Bucareste	Бухарест (м)	[buharést]
Budapeste	Будапешт (м)	[budapéʃt]
Cairo	Каир (м)	[kaír]

Calcutá	Калькутта (ж)	[kalʲkútta]
Chicago	Чикаго (м)	[ʧikágɔ]
Cidade do México	Мехико (м)	[méhikɔ]
Copenhague	Копенгаген (м)	[kɔpengágen]
Dar es Salaam	Дар-эс-Салам (м)	[dár-ɛs-sálam]

Deli	Дели (м)	[dǽli]
Dubai	Дубай (м)	[dubáj]
Dublim	Дублин (м)	[dúblin]
Düsseldorf	Дюссельдорф (м)	[dʲúselʲdɔrf]
Estocolmo	Стокгольм (м)	[stɔggólʲm]
Florença	Флоренция (ж)	[flɔréntsija]
Frankfurt	Франкфурт (м)	[fránkfurt]
Genebra	Женева (ж)	[ʒenéva]
Haia	Гаага (ж)	[gaága]
Hamburgo	Гамбург (м)	[gámburg]
Hanói	Ханой (м)	[hanój]
Havana	Гавана (ж)	[gavána]
Helsinque	Хельсинки (м)	[hélʲsinki]
Hiroshima	Хиросима (ж)	[hirɔsíma]
Hong Kong	Гонконг (м)	[gɔnkóng]
Istambul	Стамбул (м)	[stambúl]
Jerusalém	Иерусалим (м)	[ierusalím]
Kiev, Quieve	Киев (м)	[kíef]
Kuala Lumpur	Куала-Лумпур (м)	[kuála-lúmpur]
Lion	Лион (м)	[lión]
Lisboa	Лиссабон (м)	[lisabón]
Londres	Лондон (м)	[lóndɔn]
Los Angeles	Лос-Анджелес (м)	[lɔs-ánʒeles]
Madrid	Мадрид (м)	[madríd]
Marselha	Марсель (м)	[marsǽlʲ]
Miami	Майями (м)	[majámi]
Montreal	Монреаль (м)	[mɔnreálʲ]
Moscou	Москва (ж)	[mɔskvá]
Mumbai	Бомбей (м)	[bɔmbéj]
Munique	Мюнхен (м)	[mʲúnhen]
Nairóbi	Найроби (м)	[najróbi]
Nápoles	Неаполь (м)	[neápɔlʲ]
Nice	Ницца (ж)	[nítsa]
Nova York	Нью-Йорк (м)	[nju-jórk]
Oslo	Осло (м)	[óslɔ]
Ottawa	Оттава (ж)	[ɔttáva]
Paris	Париж (м)	[paríʃ]
Pequim	Пекин (м)	[pekín]
Praga	Прага (ж)	[prága]
Rio de Janeiro	Рио-де-Жанейро (м)	[río-dɛ-ʒanǽjrɔ]
Roma	Рим (м)	[rím]
São Petersburgo	Санкт-Петербург (м)	[sánkt-peterbúrg]
Seul	Сеул (м)	[seúl]
Singapura	Сингапур (м)	[singapúr]
Sydney	Сидней (м)	[sídnej]
Taipé	Тайпей (м)	[tajpéj]
Tóquio	Токио (м)	[tókia]
Toronto	Торонто (м)	[tɔróntɔ]

Varsóvia	**Варшава** (ж)	[varʃáva]
Veneza	**Венеция** (ж)	[venétsija]
Viena	**Вена** (ж)	[véna]
Washington	**Вашингтон** (м)	[vaʃinktón]
Xangai	**Шанхай** (м)	[ʃanháj]

www.ingramcontent.com/pod-product-compliance
Lightning Source LLC
LaVergne TN
LVHW051740080426
835511LV00018B/3166